복제약 공화국

복제약 공화국

ⓒ 최원석, 2025, 대한민국

2025년 5월 1일 펴냄

지은이 최원석

펴낸이 권기호

펴낸곳 공존

출판 등록 2006년 11월 27일(제313-2006-249호)

주소 (04157)서울시 마포구 마포대로 63-8 삼창빌딩 1403호

전화 02-702-7025 팩스 02-702-7035

이메일 info@gongjon.com 홈페이지 www.gongjon.com

ISBN 979-11-979165-5-7 03330

복제약 공화국

왜 감기에 위장약을 처방하는가

최원석 지음

공존

추천의 말

약 20년 전 제약회사에서 근무하던 시절, 매 분기마다 소위 '파이프라인(pipeline)'이라는 걸 다듬곤 했다. 앞으로 회사가 성장하기 위해 상품화할 수 있는 약물 후보물질을 추려내 구체화하는 작업이다. 안타깝게도 그 작업을 할 때 어떤 물질을 스케일업(scale-up)해서 어떤 의약품으로 만들어 볼까 하는 노력보다 원조(오리지널) 의약품의 특허 만료 일정을 파악하는 데에 가장 많은 시간을 할애했다. (스케일업이란 소규모 실험실 공정에서 대규모 생산 공정으로 전환하는 것을 말하며, 일정한 품질을 유지하면서 임상시험과 상업화에 따르는 규제 요건을 충족해야 하기 때문에 비용과 시간이 많이 들고 성공률이 낮다.) 더불어 혹시 원조약 관련 특허가 만료되기 전에 특허를 회피할 수 있는 방법이 있는지 고민하는 것이 가장 먼저 할 일이었다.

당시에는 다들 그 방법만이 회사가 성장하기 위한 지름길이라고 했다. 그도 그럴 것이 당시 대부분의 국내 제약회사는 독자적인 혁신신약(first in class)을 만들 수 있는 역량이 없었다. 자체 약물 후보물질도 거의 없었을뿐더러, 설령 약물 후보물질을 보유한 해외 제약회사나 국내외 벤처 연구소를 찾아내더라도 기술 이전을 해오려면 잠재된 위험 요소와 오랜 개발 기간을 감수해야 했고 무엇보다 막대한 투자금이 필요했다. 전임상시험이나 1상 임상시험을 거친 정도의 후보물질을 가지고 신약 개발을 시작한다는 건 커다란 용기와 결단력이 필요한 일이었다.

세상 어느 누가 쉽고 편안한 길을 두고 부러 험지를 찾아나서겠는가? 대부분의 국내 제약사는 원조약 특허가 만료되자마자 복제약(제네릭)을 출시하기 위해 특허 만료일에 맞춰 디데이(D-day)를 잡는다. 국민건강보험 의약품 급여 약값을 높게 책정받으려면 허가받는 순서가 중요하기 때문에 개발팀과 제제 연구팀과 생산팀이 합심해 불가능할 것 같은 일정에 몸과 마음을 꾸역꾸역 구겨넣어 복제약 신제품을 출시한다. 필요하면 다른 제약회사와 콜라보(협업)도 한다. 그러고는 안도한다. 그래도 난 이 회사의 성장에 일조하고 있다고.

문제는 여기서 발생한다. 제약회사에서 근무하는 대부분의 직원들은 복제약만 만드는 회사에 아무런 의문도 감정도 갖지 않는다. 큰 회사일수록 위에서 내려오는 수직적인 목표에 맞춰 단순히 본인의 역량을 십분 발휘할 뿐이다. 어쩌다 한 번씩 회사와 관련된 부정적인 뉴스가 터지면, 최선을 다했지만 운이 없었다며 서로 위로한다. 아쉽다, 성장하기 위한 방법이었을 뿐인데… 더 열심히 해보자는 다짐을 하며.

알고 있지만 애써 외면하고 있는 것, 정부에서 40년을 도와줬지만 신약을 만들 마음의 준비가 안 되었다는 것! 이건 현재 제약회사 임원들의 문제다. 그들은 알고 있다. 그리고 그 안전한 길이 그들 세대에서 끝나지 않길 바란다. 그럼 다음 세대에서는 신약을 만들 수 있을까? 고생하겠지만 바꿔나가자는 용기가 갑자기 생길까? 이건 마치 끝이 없는 뫼비우스 띠 위를 걷는 것과 같다. 어딘가를 끊어야 하지만 끊고 나서 길이 다시 이어질지 알 수 없기에 더욱 두렵다.

그나마 고무적인 것은 매출 상위 제약사들은 신약을 만들기 위한 시늉이라도 하고 있다는 거다. 국내와 해외의 약물 후보물질 발굴은 개발팀의 기본 업무이기도 하다. 하지만 그러다 보면 하나라도 제대로 된 게 걸리겠지라는 생각은 오판이다. 대체 직접 해보지 않고 어떻게 발전한단 말인가? 개인도 마찬가지지만 기업이라고 다른 방법으로 성장할 수 있을 것 같지 않다.

이 책에서 저자가 낱낱이 쓴 현실을 보면 의약품이 더욱 중요해지는 고령화 시대에 의약품 주권 없는 대한민국의 미래가 위험해 보인다. 이제는 뫼비우스 띠의 한 부분을 잘라야 할 때라는 생각이 강렬히 든다. 어디를 잘라야 가장 효율이 좋을까를 고민할 시기는 지났다. 저자의 말처럼 복제약 가격을 낮추는 방법이 가장 현실성 있어 보인다. 똑같은 복제약을 팔려고 경쟁적으로 불법 리베이트를 제공하는 걸 알면서도 관망할 게 아니라, 국민이 낸 건강보험료가 꼭 필요한 곳에 쓰이도록 해야 한다.

국민들은 과연 알고 있을까? 내가 낸 건강보험료로 부당하게 배를 불리는 사람들이 있다는 사실을. '불법' 리베이트이기 때문에 대개는 혀를 차고 말 텐데, '내 돈'이 밖으로 새서 저런 일이 벌어진다는 걸 아는 사람이 있을까? 아마 없을 것이다. 저자의 말처럼 제약사와 한 가족인 제약 언론이 우리의 알 권리를 애써 외면하고 있기 때문이다. 우리는 비싼 원조약과 원래의 존재 목적에 맞게 싼 복제약 사이에서 자신이 복용할 약을 스스로 선택할 수 있는 권리를 찾아야 한다. 그 권리를 찾는 과정은 곧 국민건강보험 재정을 지키면서 우리나라 제약계를 발전시키는 길이다.

『복제약 공화국』은 제약 시장의 기득권자들이 기를 쓰며 숨겨온 치부를 하나하나 들춰 보여준다. 이 책을 통해 우리는 잃어버린 알 권리와, 찾아야 할 권리를 함께 깨닫게 될 것이다. 입구가 너무나 좁은 호리병 안에서 소수의 사람들만 아는 이권 다툼이 끊임없이 이어져왔다. 그래서 답보 상태인 지금, 이제는 그것을 모두가 알아서 다양한 의견과 발전 방향이 수많은 머릿속에서 나와야 한다. 과거의 40년은 뒤로 하고, 앞으로 40년 후에는 독자적으로 진정한 혁신신약을 개발한 대한민국을 기대해 본다.

2025년 4월

박훌륭*

* 책방을 품은 약국을 운영하는 책방지기 겸 약사이면서 『약국 안 책방』, 『책 읽다 절교할 뻔』(공저)을 비롯한 여러 권의 에세이를 펴낸 작가이다.

머리말

제약 산업은 우리나라 경제의 미래 성장 동력으로 꼽힌다. 4차 산업을 이끌 대표적인 분야로서 정책적 지원만 잘 이루어진다면 밝은 미래가 도래할 것 같다. 새해가 밝을 때마다 제약사들은 국내 시장의 경계를 넘어 빅 마켓(big market, 미국과 유럽 등지의 거대 제약 시장)을 향하겠다고 외친다.

그런데 이상하다. 이 외침을 수십 년째 계속하고 있지만 국내 제약사들은 번듯한 혁신신약(first in class, 새로운 약리 작용으로 특정 질환을 치료하는 원조 약물) 하나 개발하지 못하고 복제약(generic drug, 흔히 '제네릭'. 특허가 만료된 원조약을 동일하게 합성하여 만든 동일 효과의 약물) 판매에만 열을 올린다. 다국적 제약사 한국 지사들도 이상하다. 빅 마켓에서는 특허 만료로 철수한 의약품의 마케팅을 유독 우리나라에서만 지속하고 있다. 국내에 복제약을 판매하는 제약사가 300개에 달하는데도 말이다.

이에 못지않게 이상한 것은 제약 분야의 언론이다. 제약사들로부터 얻는 광고 수익을 중심으로 운영되는 전문 매체가 100개나 된다. 자동차, 철강, 건설, 농축수산, IT, 종교, 교육, 식품 등 다양한 분야에 전문 매체가 존재하지만, 제약 산업의 전문지 수는 시장 규모에 비해 월등히 많다.

나는 10여 년간 제약 전문 기자로 활동하며 현장에서 우리나라 제약 산업을 지켜봤기에 그에 관한 이야기를 하려고 한다. 책을 준비하는 동안 여러 생각이 관자놀이를 짓눌렀다. 내용에 관한 고민보다는 이 책을 쓰는 것이 옳은지를 두고 스스로에게 가한 압력이 컸다. 몸담아 온 제약 전문지의 치부와, 그 제약 전문지를 굴러가게 하는 제약사들의 민낯을 드러내는 일이 누워서 침 뱉는 것은 아닌지 고민했다. 나 또한 그러한 제약 산업 안에서 누린 것이 있기 때문이다. 손쉽게 안정적인 월급을 챙겨온 것은 감사할 일이 아니라 부끄러운 일이다. 처음 몇 년 동안은 국내 제약 산업에 대한 이해가 부족했고, 그 후 몇 년간은 타성에 젖어 용기를 내지 못했다.

자격에 대한 고민도 더해졌다. 의약학 관련 학위가 없는 내가 현장 취재 경험과 풍월만으로 이 분야의 전문가들이 구축한 시스템과 관례를 비판할 수 있느냐의 문제였다. 이 또한 책을 마무리하는 순간까지 머릿속을 떠나지 않았다.

이 책의 내용은 제약 산업에 속해 있거나 관심 있는 이들에게 그다지 새롭지 않다. 이 새롭지 않은 이야기를 이무도 공론화하지 않은 배경에는 관성이 있다. 기존의 흐름을 거스르지 않으려는 경향이다. 나는 흐름에 더 휩쓸리면 더 큰 관성이 작용할 것 같아, 지금이 목소리를 낼 최적의 시기는 아니어도 최선의 시기라고 판단했다. 국내 제약 산업의 고착된 구조적 문제를 내부 당사자의 입이 아니라 취재 기자의 근접 시선으로 전할 필요가 있었다. 아무쪼록 이 책이 우리나라 제약 산업의 해묵은 문제를 일소하고 새로운 도약을 이끄는 데 조금이나마 도움이 되길 바란다.

이 책은 다섯 장(章)으로 구성돼 있다. 1장은 제약 산업과 제약 전문지의 유착에 대해, 2장은 국내 제약 산업의 구조적 문제에 대해, 3장은 다국적 제약사들의 이중성에 대해 취재 경험을 중심으로 다룬다. 4장은 앞의 문제들이 환자와 일반 국민에게 끼치는 악영향을 살펴보고, 5장은 국내 제약 산업의 쇄신과 발전을 위한 해법을 모색한다.

중요한 사회 문제를 최대한 객관적으로 다루려 노력했다.

비판적인 내용과 어조가 있지만 특정 개인을 비난할 의도는 없다. 끝으로, 부담스러울 수 있는 내용임에도 기꺼이 출판을 결정해 준 도서출판 공존과 이런 책을 쓸 수 있는 기자로 만들어 준 《의협신문》 최승원 편집국장님을 비롯해 도움을 준 모든 분에게 감사의 말을 전하고 싶다.

차례

1장

제약사와 제약 언론은 가족 같은 관계

“

국내 제약사하고 우리 전문지는 가족이야.

일간지하고는 달라. 어려운 부분이 있으면

서로 감춰주기도 하고 도와주면서 같이 크는 거지.

”

혁신신약 하나 없는 제약 산업에 제약 전문지만 100개

'전문지'란 '특정한 분야를 집중적으로 다루는 신문이나 잡지'를 말한다. 전문지는 불특정 대중을 대상으로 하는 일반 신문이나 잡지와 달리 특정 분야의 전문가나 종사자를 위한 정보 위주로 발행된다. 일간지와 마찬가지로 전문지도 인터넷이 발달하면서 매체 설립이 쉬워지고 독자 접근성도 높아졌다. 매체 다양성이 증가하면서 세부 분야를 다루는 전문지도 늘어났다.

이런 경향은 제약 전문지에서도 뚜렷하게 나타났다. 지면(紙面)을 발행하던 기존 매체들이 오랫동안 지배해 온 제약 전문지 시장이 인터넷으로 빠르게 옮아갔다. 하지만 기존 제약 전문지들이 지닌 문제가 인터넷 무대에서 해소되거나 달라지지 않았다.

제약 전문지는 제약 산업에 특화된 성격을 지닌다. 일간지나 경제지에서 다룰 수 없는 전문의약품(의사의 진단과 처방에 의해서만 사용할 수 있는 의약품)에 대한 전문적인 기사나 광고를 실을 수 있다.[1] 이는 의료인이나 약사 등을 대상으로 하기 때문이다.

의약 전문지는 독자가 의사인지 약사인지에 따라 크게 의료 위주의 의계지와 제약 위주의 약계지로 구분된다. 의계지는 대학병원이나 개원가 등 의료계 소식을, 약계지는 의사 처방 없이 구매할 수 있는 일반의약품 소식을 주로 다룬다. 의계지나 약계지 모두 제약사가 지불하는 광고비를 기반으로 운영된다. 그래서 의약 전문지를 통틀어 제약 전문지라고도 한다.

현재 제약사의 광고비를 기반으로 운영되는 매체의 수를 정확히 알 수 있는 공식 자료는 없다. 문화체육관광부 정기간행물 등록 시스템에서도 파악하기가 쉽지 않다(제약 전문지의 정기 간행물 등록이 일간지, 주간지, 인터넷 신문, 특수 일간지, 특수 주간지, 잡지 구분 없이 분산돼 있다).

다만 그 규모를 가늠할 수는 있다. 국내 제약 관련 산업을 아우르는 한국제약바이오협회의 보도 자료를 수신하는 전문지가 2024년 10월 기준 약 90개이다. 다국적 제약사 화이자의 한국 지사인 한국화이자제약의 보도 자료를 수신하는 전문지는 87개이다. 두 목록에 없는 전문지들을 고려하면 총 100개 이상임을 짐작할 수 있다. 이 가운데 소속 기자가 10명 이상인 매체는 열 손가락 안에 꼽힌다. 소규모 매체들이 난립해 있음을 의미한다. 이 숫자는 계속 늘어나고 있다.

제약 전문지가 우후죽순 늘어난 이유는 단순하다. 적은 투자로 지속적인 수익을 올릴 수 있기 때문이다. 일반적으로 신생 제약 전문지는 기존 종사자들에 의해 만들어진다. 창간 전에 국내 제약사의 광고 담당자와 1년 단위로 갱신하는 이른바 '연(年)광고' 금액까지 약속하는 경우가 대부분이다. 든든한 기반이 마련되면 홈페이지를 만들고 언론사 등록을 진행한다. 약속된 연광고 금액이 크면 기자를 채용할 수도 있다.

다음 단계는 제약사를 돌며 노골적으로 하는 '구걸'이다. 오래된 제약 전문지의 홈페이지에 걸어둔 광고조차 효과가 매우 낮은 상황에서 제약사는 신생 매체에 광고 효과를 기대하지 않는다. 하지만 이 구걸은 잘 통한다. 이 구걸을 무시하면 해당 제약사는 신생 매체의 표적이 될 수 있다. 악의적인 보도가 이어질 수 있다. 구걸 단계에서 약소하나마 광고비를 쥐여주는 것이 광고 담당자나 제약사에 비용 대비 효과적이다.

여기에 매년 창간, 신년 등 기념 특집 보도라는 명목으로 광고비를 요구한다. 50만 원, 100만 원 수준의 광고비를 여러 제약사로부터 수금하는 구조다. 이렇게 금고를 채우고 나면, 신생 제약 전문지는 순순히 협조해준 제약사의 충성스러운 나팔수가 된다. 기자는 충원할 필요가 없다. 제약사에서 보내오는 보도 자료만 복사해 기사에 붙이면 그만이다. 투자금은 사무실 비용과 홈페이지 관리비 정도에 불과하다.

국내 제약사와 제약 전문지는 가족 같은 관계

과거에 지면을 발행했거나 인터넷 시대 초기에 자리 잡은 기성 제약 전문지들의 상황은 어떠할까? 나팔수에 계층이 있다면 기성 전문지는 신생 전문지와 겸상도 하지 않을 만큼 제약사의 입장을 친절하게 대변하는 고위층이다. '친절한 대변인'이란 표현은 제약 전문지와 국내 제약사의 관계에 대한 모독일 수 있다. 제약 전문지는 국내 제약사를 '가족'으로 표현하곤 한다.

제약 전문지에 발을 들인 후 일 년이 갓 넘었을 무렵이다. 안면이 있던 타 제약 전문지 국장급 선배 기자로부터 전화가 왔다. 모 국내 제약사 홍보팀과 술자리를 만들었으니 함께하자고 했다. 그 선배 기자는 제약 전문지 경력만 20년이 넘는 터줏대감이었다. 종종 국내 제약사의 언론 홍보 또는 광고 담당자와의 술자리에 마음에 드는 다른 전문지 후배를 부르곤 했다. 그런 자리가 있다는 것은 알았지만, 참석은 처음이었다.

술자리는 수수한 식당에서 시작됐다. 또래 제약 전문지 기자 서넛과 광고 담당자 둘, 그리고 국내 제약사 홍보 담당자 둘이 참석했다. 상견례 같은 대화가 오간 1차를 파하고 유명하다는 인근 주점으로 자리를 옮겼다. 나는 술자리를 주선한 선배 기자와 제약사 홍보 담당자가 있는 테이블에 앉았다. 이상한 경험은 여기서부터였다.

일전에 나는 그 홍보 담당자의 제약사를 취재한 적이 있었다. 긍정적인 내용은 아니었지만, 그렇다고 아주 예민한 사안도 아니었다. 그런데 그 홍보 담당자는 웃으며 그 취재 건을 꺼냈다. 마치 업계에 새로 온 기자가 '우리'의 관계를 모르고 그런 취재를 한다는 식의 표현이었다. 그러고는 그 관계에 대한 설명을 바라는 것처럼 선배 기자를 바라봤다. 기다린 듯 선배 기자는 '우리'에 대해 친절하게 설명했다.

"국내 제약사하고 우리 전문지는 가족이야. 일간지하고는 달라. 어려운 부분이 있으면 서로 감춰주기도 하고 도와주면서 같이 크는 거지."

그 말을 들으니 하고 싶은 말을 참을 수 없었다. 다만 대선배에 대한 공손한 자세는 필요했다.

"제가 이쪽으로 온 지 얼마 안 돼서 이해하지 못하는 걸 수도 있는데,… 그런 가족 같은 관계라면 언론은 왜 있는 건가요?"

돌아온 대답은 언론이 왜 존재하는지에 대한 근엄한 설명이 아니었다.

"자네가 아직 얼마 안 돼서 이해를 못 하는 거야. 국내 제약사하고 전문지는 오랫동안 끈끈한 관계를 이어왔어. 계속 하다 보면 알게 될 거야. 불편한 관계가 돼서는 안 돼."

국내 제약 산업에서 제약 전문지는 제약사를 감시하는 역할이 아니라 끌어주고 당겨주는 같은 팀이라는 일장 연설도 이어졌다. 국내 제약사는 제약 전문지를 사랑할 수밖에 없다는 말이 당시에는 그 선배 기자만의 생각이라고 속단했다. 그의 술자리 초대는 그것이 마지막이었고, 내 판단이 틀렸다는 것은 오래지 않아 확인됐다. 이후 그런 사고를 가진 제약 전문지 기자를 수없이 만났다. 완전히 비례하는 것은 아니지만 경력이 길수록, 지위가 높을수록 그런 사고가 깊었다.

"VIP 고객님!"

제약 전문지 내 제약 산업 담당 기자의 아침은 보도 자료가 도착했다는 이메일 알람으로 시작된다. 매일 받는 제약사 보도 자료는 요일별 편차가 있지만 수십 개에 달한다. 보도 자료는 대부분 제약사의 장·단기 이익을 위한 홍보가 목적이다. 신제품 출시, 신약 파이프라인(pipeline, 제약회사에서 발굴하거나 개발하고 있는 약물 후보물질 또는 관련 프로젝트)의 변화, 공시나 해명 자료 등을 알리려는 것이다.

기자가 이러한 보도 자료 수십 개 가운데 선별하여 기사화하는 기준은 무엇일까? 제약 전문지에서는 단연코 광고 매출이 우선이다. 광고비 규모가 클수록 기자가 보도 자료를 기사화해야 하는 강제성 또한 커진다. 제약 산업 담당 기자에게는 지령 같은 지시가 내려온다. 특정 제약사의 보도 자료에 신경을 쓰라는 엄명이다. 그런 제약사들은 상당한 금액의 연광고를 집행하는 우량 고객이다.

내가 제약 산업 분야를 맡은 지 얼마 되지 않았을 때의 이야기다. 우량 고객의 보도 자료가 수신됐음을 알았지만 '처리'할 시간이 부족해 그냥 사무실에서 나와 취재처로 향했다. 이동 중에 전화벨이 울렸다. 편집국장도 아니고 사장이었다. 전화를 받으니 왜 보도 자료를 처리하지 않고 있느냐며 다그쳤다. 할 수 없이 버스 안에서 보도 자료를 '처리'해 기사를 전송했다. 아주 일반적이고 광고 냄새가 짙은 신제품 홍보 보도 자료였다. 그 보도 자료를 '처리'하며, 버스와 함께 흔들리며, 뼈저리게 느꼈다. 제약 전문지에서 취재보다 중요한 것은 우량 고객의 보도 자료 '처리', 즉 처널리즘(churnalism)이라는 것을!

제약 전문지들은 대부분 유한양행, 종근당, 녹십자, 한미약품, 대웅제약, 보령, HK이노엔 등 매출 순위가 높은 제약사들의 광고비로 운영된다. 매출 순위대로 광고비가 큰 것은 아니지만, 제약 전문지의 매출에서 이 제약사들의 광고비는 5할 이상을 차지한다. 8할이 넘는 경우도 적지 않다.

이렇다 보니 그들의 보도 자료는 VIP의 요구 사항이 된다. 일부 제약사는 자사의 보도 자료가 기사화된 건수를 집계해 제약 전문지 광고비에 반영하기도 한다. 보도 자료는 제약사와 제약 전문지의 유착이라는 기저 질환(underlying disease, 다른 질병의 원인이 되는 만성 질환)의 병원체라고 할 수 있다. 절절매며 보도 자료 기사화에 급급한 매체가 제약사에서 원치 않는 내용을 취재하고 보도할 리 없다.

2017년 제약계의 가장 큰 이슈 중 하나는 종근당 이장한 회장의 '운전기사에 대한 갑질' 사건이었다.[2] 운전기사에게 폭언과 욕설을 하고 해고를 암시하는 협박을 하는 이장한 회장의 영상이 언론을 통해 공개되면서 국민들의 지탄이 쏟아졌다.

당시 취재를 위해 종근당에 연락하자 엉뚱한 대답이 돌아왔다. 해당 사건은 제약계와 관련이 없으므로 제약 전문지에서 다루는 것은 적절치 않다는 주장이었다. 제약사의 오너 리스크(owner risk)가 왜 제약계와 관련이 없는가? 문득 제약 산업과 상관없는 창립자의 생애나 직원들의 봉사 활동 따위를 알리는 숱

한 보도 자료가 떠올랐다. 하지만 100개에 달하는 제약 전문지에서 이장한 회장의 갑질 사건을 다룬 기사는 찾아보기 어려웠다.

나음 해에 이장한 회장의 첫 재판이 서울중앙지방법원에서 열려 다른 제약 전문지의 친한 기자와 함께 법원으로 향했다. 국민의 관심이 집중된 재판인 만큼 일간지, 경제지, 방송사 등 다양한 매체의 기자들이 법원에 모여들었다. 법원에 들어서자 동행한 기자에게 전화가 걸려왔다. 그 기자의 편집국장이었다. 그때 내 전화기도 진동이 울렸다. 취재팀장의 전화였다.

두 통화의 내용은 같았다. 우리가 법원에 들어가는 것을 종근당 관계자가 보고 연락해 왔다는 것이다. 신기한 일이었다. 수많은 기자가 모여 있는데 어떻게 제약 전문지 기자들만 족집게처럼 찾아냈는지…. 종근당 관계자는 이장한 회장의 갑질 사건 재판은 제약 전문지에서 다룰 사안이 아닌 것 같다고 했다. VIP로서 이장한 회장의 첫 재판에 관한 제약 전문지의 기사 발행을 허락할 수 없다는, 무언(無言)이 아닌 유언(有言)의 압력이었다. 결국 이장한 회장의 첫 재판에 관한 기사는 100개에 달하는 제약 전문지 중 어디에도 실리지 않았다.

기업 CI를 GC로 변경한 녹십자 또한 종근당 못지않은 제약 전문지의 VIP이다. 녹십자는 백신(vaccine) 주권 확보에 기여한 것으로 널리 알려진 백신 명가다. 백신은 바이러스성 질환에 대처할 수 있는 강력한 무기다. 전 세계를 강타한 코로나19 팬데믹(pandemic, 세계적인 감염병 유행)에서 백신의 가치에 방점이 찍혔다.

녹십자는 1983년 B형 간염 백신을 국산화한 데 이어 1990년 한타바이러스 백신 '한타박스(신증후출혈열 백신)'를 출시했다. 이후 수두 백신, 인플루엔자 백신 등으로 굵직한 역할을 해왔다. 아직 백신 주권을 확보하지 못한 우리나라에서 백신에 대한 녹십자의 자부심은 대단하다.

그런데 2017년에 문제가 발생했다. 한타박스에 대한 허가 취소 가능성이 대두됐다. 끊임없이 효과에 의문이 제기돼 이른바 '물백신' 논란을 일으킨 데다, 조건부 허가에 따른 유효성 입증을 이행하지 않은 것이 문제였다.

한타박스는 흔히 '유행성 출혈열' 또는 '한국형 출혈열'이라 불리는 신증후군출혈열(한타바이러스감염증)의 병원체인 한타바이러스에 감염되는 것을 예방하는 백신이다. 한타바이러스는 고려대 의대 이호왕 교수가 1976년 한탄강 유역에 서식하는 등줄쥐의 폐 조직에서 세계 최초로 발견했다. 1990년 그가 개발한 국산 '신약 1호' 한타박스의 등장은 기념비적인 사건이었다(하지만 임상시험 등 제도 정비가 제대로 갖춰지지 않은 상태에서 개발된 의약품이면서 치료제가 아니라 예방 백신이어서 국산 신약 1호의 지위를 유지하지 못하고 1999년 SK케미칼의 항암제 선플라에 자리를 넘겨주었다).

당시 한타박스 허가에는 조건이 달렸다. 장기 면역원성에 대한 3상 임상시험을 진행하고 결과를 제출한다는 조건이었다. 이 조건부 허가 하에 한타박스는 국방부와 보건부에 납품됐고, 전방 지역 군인과 고위험 농촌 주민 15만 명에게 매년 투여됐다. 하지만 3상 임상시험 결과는 10년이 지나도 제출되지 않았다. 일각에서 장기 면역원성에 대한 임상 결과가 좋지 않아 한타박스의 낮은 효과를 숨기려는 것 아니냐는 의문이 제기됐다.

2000년에 식품의약품안전청은 한타박스 허가 조건에 따라 임상시험을 실시하고 매년 중간 결과를 제출하도록 녹십자에 지시했다. 하지만 효과 입증 자료는 전혀 제출되지 않았다. 제출 시한이 정해지지 않아 문제는 없었다.

그로부터 14년이 흐른 2014년 식품의약품안전처(2013년 국무총리 직속 기관으로 승격)는 다시 한번 한타박스에 대한 조치를 내렸다. 국정 감사, 감사원 등에서 문제 지적이 있었기 때문이다.

식품의약품안전처는 임상시험 계획을 새로 승인받아 2017년 8월까지 최종 임상 결과를 제출할 것을 허가 조건에 포함시켰다. 이후 녹십자는 2015년 임상시험 계획을 승인받아 3상 임상시험을 진행했다.

이번에는 임상시험 결과를 제출했을까? 최종 시한을 넘긴 2017년 9월 녹십자는 임상시험 결과를 제출했다. 하지만 역시나 중간 결과였다. 허가 조건에 시한을 2017년 8월이라고 명시했음에도 최종 결과를 제출하지 않았다, 아니 못했다.

최종 결과가 아닌 중간 결과를 제출한 것에 초점을 맞춰 기사를 작성했다. 허가 조건인 유효성 입증이 20여 년째 이루어지지 않고 있는 가운데 정부가 한타박스에 매년 쏟아부은 세금과 그간 미비했던 당국의 조치에 대해 조명했다. 녹십자가 반길 내용은 당연히 아니었다. 이미 여러 차례 VIP가 싫어할 기사를 썼다가 발행되지 않은 적이 있어서 적잖이 우려되었다. 그런데 기사가 발행됐다. 불과 몇 시간 만에 사라지긴 했지만. 당시 데스크에서는 녹십자와의 돈독한 관계를 상기시키며 "알잖아?"를 연발했다. 그것으로 사라진 기사의 행방을 설명했다. 그렇다면 기사 발행은 왜 이루어졌을까? 아마 VIP의 광고비 추가 협찬을 유도할 심산이었을 것이다.

그날 저녁 다른 제약 전문지 기자와의 약속이 있었다. 그 자리에서 녹십자와 한타박스, 그리고 발행됐다 사라진 기사 얘기를 안주 삼아 늘어놓았다.

"내기 한번 씨 볼까?"

그 기자의 장난스러운 제안에 웃음이 나왔다. 다른 언론 기자도 마찬가지지만 제약 전문지 기자들도 같은 회사 기자보다 다른 회사의 같은 출입처 기자들과 자주 만나고 가깝게 지낸다. 다시 말해, 다른 제약 전문지의 사정도 훤히 잘 안다. 녹십자와의 관계는 우리 매체보다 그 기자의 매체가 더 끈끈했다. VIP 제약사와 제약 전문지의 끈끈함이 광고비 규모에 따라 정해진다면, 그 기자의 매체가 확실히 그러했다.

웃는 나를 보며 오기라도 느꼈는지 그 기자는 내 안줏거리에 대한 기사화 의지를 강하게 보였다. 나는 제약 산업을 넘어 공익을 위해 필요한 기사라고 생각했기에, 발행됐다 사라진 기사의 원문을 건네줬다.

며칠 뒤, 한타박스 관련 기사가 나갈 것이라는 그 기자의 연락을 받았다. 다음 날 오후, 기사를 읽어보려고 그 기자의 매체 홈페이지에 들어갔다. 아니 들어가지 못했다. 홈페이지 개편으로 인해 접속할 수 없다는 공지만 떠 있었다.

그 기자에게 연락했다. 기사 나온다더니 홈페이지 개편하느냐고 물었다. 돌아온 답은 기가 막혔다. 기사는 실제로 발행됐다. 당연히 녹십자에서 그 매체에 연락했다. 그런데 그날 편집국장이 유독 바빴다. 한타박스 논란이 수면 위로 떠올라 허가가 취소되거나 백신 명가의 명성에 먹칠이 되지 않길 간절히 바란 녹십자는 그런 상황에서 어떻게 했을까? 매체의 사장이 녹십자 고위 관계자로부터 전화 한 통을 받았다. 그 고위 관계자가 녹십자 오너(사주) 일가인 사장이었다는 전언도 있다.

매체의 사장은 마음이 급했으리라. 앞서 말했듯 그날 편집국장은 바빠서 사장과도 연락이 닿지 않았다. 당장의 해결책은 홈페이지를 닫아버리는 것뿐이었다.

결국 한타박스 임상시험 최종 결과 제출 시한에 중간 결과가 제출된 것을 취재한 기사는 제약 전문지 어디에도 나오지 않았다. 2018년에 식품의약품안전처는 한타박스의 장기 면역원성에 대한 3상 임상시험 결과 제출 조건을 삭제하고 정식 허가를 결정했다. 녹십자가 최종 결과를 제출해서 정식 허가를 내준 것이 아니었다. 여전히 중간 결과밖에 제출하지 않았다.

중앙약사심의위원회는 그 중간 결과에 기초해 한타박스가 백신으로서 효과가 낮다는 사실을 인지하고 있었다.[3] 다만 임상의 목적이 장기 면역원성 확인이므로 효과에 대해 다시 논의할 수 없다는 획기적인, 아니 신비로운 결정을 내렸다. 심지어 낮은 효과를 보완하기 위해 한타박스의 용법·용량을 3회 접종에서 4회 접종으로 1회 추가하는 결정까지 내렸다. 이런 황당한 결정에도 불구하고 제약 전문지들은 한타박스가 드디어 조건부 꼬리표를 떼고 정식 허가를 취득했다는 기사만 쏟아냈다.

VIP 아닌 고객도 소중하다

제약 전문지와 제약사의 유착은 매출 상위인 대형 제약사하고만 이루어질까? 그렇지 않다. VIP는 아니더라도 제약 전문지가 챙겨야 할 골드, 실버 고객은 차고 넘친다. 특정 제약 전문지에 대형 제약사에 버금가는 광고비를 지급하는 중견 제약사도 있다. 중견 제약사 2~3개의 광고비면 제약 전문지 기자 한 명의 인건비는 충분히 감당할 수 있다. 중견 제약사의 광고비도 제약 전문지의 주요 수입원이다. 비록 VIP는 아니지만 소중한 고객이다.

일간지나 경제지와 비교하면 이런 광고 규모가 작다고 볼 수 있지만 매출 순위 30위 내 제약사들이 대부분의 제약 전문지에 광고비를 집행하고 있음을 감안해야 한다. 소규모 제약 전문지가 늘어나는 배경이기도 하다. 규모가 큰 제약 전문지는 기자 수가 15명 내외이고 대개는 4~7명 수준이다.

대형 제약사와 제약 전문지의 관계가 왕과 신하의 관계라면 중견 제약사와 제약 전문지의 관계는 귀족과 신하의 관계라고 할 수 있다. 이 관계는 집행되는 광고비가 적을수록 대등해진다. 제약 전문지는 대등한 관계를 반기지 않는다. 오히려 받들어 모시길 원한다. 애초에 언론의 역할에 대해 고민하지 않기 때문이다. 대등한 관계가 싫은 제약 전문지는 소속 기자에게 부정적인 기획 기사를 준비시킨다. 기사와 광고비를 바꾸기 위한 작업이다. 제약 전문지가 골드나 실버 고객에게 구사하는 일종의 강매 수법이다.

문제는 중견 제약사의 약점이 너무 많다는 것이다. 오너 리스크부터 재무제표, 리베이트(rebate)까지, 들여다볼수록 기삿거리가 넘친다. 물론 기삿거리가 광고비와 교환되면 유착이 다시 이루어진다. 드물게 발행되는 제약사 관련 비판 기사는 대부분 이런 경우라고 볼 수 있다. 대부분이란 표현은 절대 과하지 않다. 오히려 축소된 표현이다.

제약사에 대한 취재나 기사화를 막는 방식으로 이루어지는 유착도 있다. 국내 제약사의 언론 광고는 대체로 홍보 담당 부서에서 집행한다. 여기에서 특이한 상황이 발생한다. 2장에서 다루겠지만, 국내 제약사들은 유효한 신약 개발이나 연구 성과가 극히 드물다. 홍보 소재라고 해봐야 기업의 사회 공헌 활동이나 복제약 출시, 먼 미래의 성과에 대한 희망 사항을 알리는 수준이다. 제약사 주가에 영향을 미칠 만한 소재는 아니다.

그렇다면 언론 홍보 담당자의 역할은 무엇이 중요할까? 긍정적인 사안의 적극적인 기사화일까? 아니다. 그보다 훨씬 더 중요한 역할은 부정적인 기사를 막아내는 것이다. 긍정적인 취재 기사도 꺼린다. 제약사 내부의 보고 체계에서 승인이 난 긍정적인 보도 자료를 기사화하는 것은 당연히 반기지만, 외부의 취재 기사는 비록 긍정적일지라도 발행 후 문제가 생길 수 있어 반기지 않는다.

제약 전문지에서 국내 제약사 담당 기자로 일할 때였다. 회사에서 우수 고객, 다시 말해 광고비 매출이 큰 제약사에 대한 기사 발제를 요구했다. 당연히 긍정적인 내용만 담겨야 했다. 발제하던 중 중견 제약사 하나가 눈에 들어왔다. 그 제약사는 동네 병의원, 즉 개원가에서 호흡기 치료제 매출이 컸다. 대표 제품에 대한 설명에다 호흡기 치료제 영업 관련 내용을 덧붙이면 발제 요구를 맞출 수 있으리라 생각했다. 그래서 호흡기 치료제 영업에 관한 취재를 하려고 그 제약사에 연락했다. 제약사 홍보 담당자와의 통화에서 미온적이라는 느낌이 강하게 들었다. 몇 시간 뒤, 사내 광고영업팀장이 찾아왔다.

"OO제약사 취재하신다면서요?… 아, 제약사 쪽에서 연락이 왔는데, 관심은 고맙지만 기사화는 하지 말아 줬으면 한다네요."

우수 고객을 위한 기사를 작성하려 했는데 정작 우수 고객은 원하지 않는, 낯 뜨거운 상황이 벌어졌다. 나중에 안 사실이지만, 호흡기 치료제 영업 부서에 대한 조명이 문제를 일으킬 수 있다는 내부 의견에 따라 차라리 기사화를 막는 방법을 택한 것이다. 제약사 홍보 담당자는 상대하기 편한 광고영업팀장에게 연락했고, 그 내용이 나에게 전달됐다.

흔한 일이다. 홍보 담당자는 긍정적이든 부정적이든 자사 관련 기사가 나오면 업무가 늘어난다. 그저 배포한 보도 자료를 그대로 복사해 붙인 기사만 나오기를 바란다. 이것은 중견 제약사들이 제약 전문지에 광고를 집행할 때 매체의 영향력이나 기자의 역량을 최우선으로 고려하지 않는 이유이기도 하다. 중견 제약사는 제약 전문지를 한 명이 관리하는 경우가 많다. 그들은 10년 넘게 해당 업무를 담당하기도 한다. 제약 전문지의 국내 제약사 담당 기자나 간부도 잘 바뀌지 않는다. 그들 간의 친분이 광고 규모를 결정한다. 회사 차원의 판단이 아니라 일개 직원들의 친분이 광고 금액의 기준이어도 문제는 없다. 제약 전문지 관리라는 목적은 확실하게 달성하기 때문이다. 제약 전문지나 소속 기자는 친분에 기대 광고를 집행하는 제약사 홍보 담당자를 서운하게 할 수 없다. 그러니 제약사에 대해 취재조차 하지 않는다. 그저 제약사의 보도 자료를 재까닥 복사해 붙인 기사를 내보내기만 하면 된다.

한 비상장 제약사에는 무려 30년간이나 제약 전문지를 관리해 온 홍보 담당자가 있었다. 신약 개발이나 연구 따위에는 전혀 관심 없는 제약사였지만, 제약 전문지 광고 규모는 상당했다. 이는 사내 홍보 담당자의 예산 집행 권한이 컸다는 것을 의미한다. 멋모르던 시절에 이 제약사에 대한 취재를 시도한 적이 있다. 의외의 실적을 거두고 있는 제품의 배경에 대해 그 홍보 담당자에게 묻자 "거기 OOO 대표(당시 매체 사장)하고 잘 아니까, 한번 확인해 봐요"라는 답이 돌아왔다.

다국적 제약사는 기자의 소중한 고객

다국적 제약사 한국 지사와 제약 전문지는 어떤 관계에 있을까? 제약 전문지는 대부분 국내 제약사의 광고비를 근간으로 운영되므로 다국적 제약사와는 유착이 일어나지 않을까? 국내에서 영업하고 있는 다국적 제약사는 50여 개이다. 다국적 제약사 한국 지사들의 단체인 한국글로벌의약산업협회(KRPIA)에 가입된 회원사가 2024년 기준 47개이고, 이외에 일본계 다국적 제약사 몇 개가 있다.

국내 제약사와 비교하면 다국적 제약사와 관련된 언론 환경은 선진적이다. 일단 그들의 의약품에 관한 유의미한 취재나 기사 보도가 가능하다. 한국 지사의 역할은 없지만 본사 차원의 연구개발 결과가 계속 업데이트되고 출시된 신약에 관한 이슈가 이어져 이른바 '쓸 거리', 기삿거리가 있다. 단순한 복제약, 소위 개량 신약 또는 복합 신약으로 포장된 복합 제제 복제약, 일반의약품밖에 없는 국내 제약사와 차이가 있다.

연광고가 없다는 것도 특징이다. 창간 기념 특집이나 신년 특집에 따라오는 소정의 광고 협찬만 있을 뿐이다. 공식적으로는 그렇다. 미국이나 유럽, 일본 등지에 본사를 두고 세계 의약품 시장에 진출해 있는 다국적 제약사들은 막대한 자본을 보유하고 있다. 혁신신약을 무기로 세계 시장에서 엄청난 수익을 거두기 때문이다. 혁신신약(first in class)이란 대체할 동등한 치료제가 없는 새로운 약물을 말한다. 근래에는 최종 임상시험 결과에서 생존 기간 연장 등 현저한 약효 개선만 있어도 혁신 신약이라고 한다.

그런데 혁신신약으로 축적된 다국적 제약사의 자본이 한국 시장으로 들어오지는 않는다. 다국적 제약사는 우리나라 시장에서 벌어들이는 수익으로 한국 지사를 운영한다. 언론사에 수억 원의 광고비를 지출할 다국적 제약사 한국 지사는 없다는 말이다.

게다가 언론사에 쓸 수 있는 광고비에 제약이 있다. 본사의 엄격한 공정 거래 자율 준수 프로그램(Compliance Program, CP)을 따라야 한다. 다국적 제약사들은 국내 주식시장에 상장돼 있지 않아서 자사 관련 부정적인 기사가 보도돼도 개의치 않는다. 언론사에 광고비를 쓸 동기가 약하다. 처방을 내리는 의사들만 잘 관리하면 된다.

광고비가 적다는 것은 기자의 기사 작성 재량권이 크다는 것을 의미한다. 기자는 소속 매체의 관심이 적기 때문에 자신이 필요하다고 생각하는 취재를 하거나 기사를 작성할 수 있다. 다만 다국적 제약사 담당 기자는 다소간의 어려움을 겪을 수 있다. 국내 제약사와 달리 다국적 제약사의 정보를 다루려면 고도의 전문적인 수준은 아니더라도 약물 후보물질이나 신약, 특정 연구에 대한 배경지식을 갖춰야 한다. 시간과 노력, 즉 기자의 품이 많이 든다.

앞에서 제약 전문지들이 광고비가 적은 다국적 제약사에 대한 기사에 관심을 두지 않는다고 했는데, 그래서 다국적 제약사와 제약 전문지 간의 유착이 발생한다. 국내 제약사처럼 광고비로 끈끈하게 맺어진 유착이 아니라 기자와 다국적 제약사 간의 유착이다. 잘 구슬려진 기자는 적은 광고비만 들여도 다국적 제약사가 원하는 기사를 쏟아낸다. 하지만 정작 기자 자신은 '나팔수'가 됐다는 사실을 모른다. 아니, 인정하려 들지 않는다. 다국적 제약사에서 원하는 기사를 쏟아내면서도 자신이 스스로 판단했다고 믿게 만드는 제삼자가 있기 때문이다.

바로 홍보 대행사다. 제약업계뿐 아니라 타 업계에서도 기업은 홍보 대행사를 통해 회사나 제품, 행사 등을 홍보한다. 하지만 다국적 제약사 한국 지사만큼 홍보 대행사를 적극적으로 활용하는 곳도 드물다. 실제로 종합 홍보 대행사인 P사에 신설된 헬스케어 부서는 10년도 되지 않아 사내 전체 부서 가운데 가장 높은 매출을 기록했다. 여기서 '헬스케어'는 일부 학회 관련 건을 제외하면 사실상 제약 산업으로 해석할 수 있다.

그만큼 홍보 대행사가 제약 산업에서 차지하는 비중이 크다. 제약 산업 전문 홍보 대행사가 흔한 것만 봐도 알 수 있다. 이는 홍보 대행사가 제약 산업을 다루려면 그만큼 정보와 전문성을 갖춰야 한다는 의미이면서 다른 한편으로는 제약 산업만으로도 충분한 수익이 보장된다는 것을 방증한다.

제약 산업 홍보 대행사가 국내 제약사로부터 거두는 수익은 거의 없다. 극히 일부 국내 제약사가 홍보 대행사를 이용하긴 하지만, 눈에 띄는 규모는 아니다. 제약 산업 홍보 대행사의 수익은 대부분 다국적 제약사 한국 지사로부터 나온다.

국내 제약사에서는 홍보 부서나 대외 협력 부서에서 모든 홍보 업무를 전담한다. 제약사의 매출 규모나 내부 사정에 따라 차이가 있긴 하지만, 일반적으로 국내 제약사의 홍보 부서 규모가 다국적 제약사 한국 지사의 홍보 부서보다 크다. 다국적 제약사 한국 지사는 홍보 부서가 없는 곳도 많다. 이는 국내 제약사와 다국적 제약사의 홍보 업무가 판이하기 때문이다. 국내 제약사에서는 사회 공헌 활동이나 양해각서(MOU) 체결, 자체 개발 또는 소위 '개량 신약' 복제약 출시 등이 주요 홍보 업무라면, 다국적 제약사 한국 지사에서는 본사가 개발한 혁신신약의 국내 허가와 급여화(국민건강보험 적용)을 위한 여론 형성 등에 주력한다. 홍보의 대상과 목적이 다르다.

다국적 제약사 한국 지사는 이러한 홍보 목적을 달성하기 위해 홍보 대행사를 물색한다. 여러 홍보 대행사가 경쟁 입찰에 나선다. 입찰은 제품별, 사안별로 다양하게 이루어지며, 홍보 대행사들은 홍보 전략을 제시하는 프레젠테이션에 많은 공을 들인다. 프레젠테이션을 마친 홍보 대행사는 이제는 필수가 돼 버린 질문을 받는다.

"어느 기자와 친하세요?"

프레젠테이션도 중요하지만, 필요한 시기에 필요한 기사를 내보내는 것이 홍보 대행사의 가장 중요한 역할이기 때문이다. 그래서 보도 자료가 배포된 뒤 주요 포털 사이트에서 검색되는 기사 건수가 다국적 제약사 홍보 담당자와 홍보 대행사 간의 쟁점이 되곤 한다. 홍보 담당자는 왜 이렇게 기사화가 덜 되는지 따지고, 홍보 대행사는 이런저런 방어하는 자세를 취한다.

보도 자료의 기사화 실적은 재계약을 위한 객관적 지표가 되지만 홍보 대행사의 역량이 평준화되어 있다 보니 인터뷰 기사나 기획 기사에 사활을 건다고 해도 과언이 아니다. 그런데 제약 전문지의 다국적 제약사 담당 기자는 적은 광고 수입으로 인한 회사의 무관심 덕분에 취재와 기사 작성 재량권이 넓다.

홍보 대행사는 그러한 기자를 관리하는 데 총력을 기울인다. 특히 다른 제약 전문지 기자들에게 영향을 미칠 수 있는 기자라면 더욱 중요한 관리 대상이 된다. 하루가 멀다 하고 이어지는 미팅에서 홍보 대행사 직원은 기자에 대해, 그가 쓴 기사에 대해 추켜세운다. 목적이 뻔히 보이는 감언이설이라도 계속 반복하면 어떻게 될까? 처음 다국적 제약사를 담당하는 기자들은 겸손하기 마련이다. 새로운 분야이고 알아야 할 전문 지식도 상당하기 때문이다. 하지만 겸손은 힘들다. 겸손은 홍보 대행사 직원에 의해 이내 사라지고 만다.

홍보 대행사 직원은 미팅 때마다 기자의 과거 기사를 확인하고 찬사를 아끼지 않는다. 특정 인터뷰 기사나 기획 기사를 맡아줄 기자는 그가 지닌 훌륭한 역량까지 칭송된다. 홍보 대행사의 입장에서는 기본적인 포섭 기법, 유혹의 기술이다. 시간이 지나면 많은 기자가 자아도취에 빠진다.

거기에 다국적 제약사 홍보 담당자의 노력도 더해진다. 그 노력이 얼마나 갸륵한가 하면, 기자의 석사 학위 논문을 영어로 대필해 주는 홍보 담당자도 있다. 다국적 제약사 한국 지사의 홍보 담당자 역시 대개 홍보 대행사 출신이다. 제약 전문지 기자를 관리하는 데 선수들이다.

이제 기자들의 착각이 시작된다. 자신이 사안을 정확히 판단할 수 있다는 근거 없는 자신감이 생긴다. 이 상태가 된 기자들이 흔히 작성하는 것이 바로 '환자를 위한 기사'다. 탁월한 의약품이 국내에 도입됐지만, 정부가 국민건강보험 적용에 소극적이라 환자들이 발을 동동 구른다는 내용이다.

그렇다. 환자들의 안타까운 사례는 수도 없이 많다. 이런 기사가 보도되면 독자들은 보건복지부나 국민건강보험공단, 건강보험심사평가원 등에서 문제를 찾는다. 이상한 점은 비싼 약값을 한 치도 양보하지 않는 다국적 제약사의 책임을 지적하는 기사는 극히 드물다는 사실이다. 당연히 다국적 제약사의 책임이 없을 리 없다.

이에 대해 여러 제약 전문지 기자들에게 물어봤다. 다국적 제약사의 책임은 왜 지적하지 않느냐고. 대답은 똑같았다. "다국적 제약사의 약값 책정은 부득이하고 어쩔 수 없다." 다국적 제약사 한국 지사가 할 법한 이야기를 제약 전문지 기자들이 대변한다.

제약 전문지 기자는 다국적 제약사의 입장을 대변하는 이들과 접촉하기가 쉽다. 그들이 더 만나고 싶어하기 때문이다. 환자들이 다국적 제약사의 의약품을 쉽게 이용하지 못하고 있는 문제에 대해 정부의 책임을 지적하면 그들은 환호한다. 그러면 기자는 자신이 대단한 통찰력과 영향력을 지닌 듯한 기분에 빠진다. 쉬운 취재원을 통해 쉽게 쓴 기사만으로도 자존감이 올라가니 유토피아가 따로 없다. 그나마 취재를 해서 그런 기사를 쓰는 기자는 상태가 양호한 편이다.

다국적 제약사를 담당한 지 일 년이 채 되지 않은 시기에 한 홍보 대행사 팀장과 미팅을 가진 적이 있다. 그 팀장은 고객인 다국적 제약사의 신약과 정책 방향에 대해 소위 피칭(pitching, 여기서는 고객사가 원하는 내용을 기사화하기 위해 기자를 설득하는 말)을 늘어놓았다. 30분가량의 전형적인 미팅이 끝날 무렵 그 팀장이 갑자기 인쇄물이 담긴 서류 파일을 건넸다.

"이게 뭔가요?"

"기사 작성하실 때 도움 되시라고 자료를 준비했어요."

자료라는 인쇄물을 훑어봤다. 피칭 내용이 담긴 자료를 건네는 것이 일반적이지만, 그것은 자료가 아니라 공들여 쓴 기획 기사였다. 기사화하지 않으면 그만이지만, 궁금해서 물어봤다.

"이렇게 만들어주시면 그대로 기사화하는 기자도 있나요?"

당황한 기색이 역력했다.

"완전히 그대로는 아니지만… 검토하시면서 수정하실 부분을 고치셔서 내시는 경우가 있죠."

다시 질문했다. 약간은 공격적으로.

"이렇게 다 만들어주시는 기획 기사를 약간 수정해서 기사화한다면, 그 기자의 월급은 누가 줘야 할까요?"

대답이 없었다. 그 팀장에게 불편하고 까탈스러운 기자가 됐지만, 확인사살했다. 실제로 제약 전문지 기자들은 홍보 대행사가 만들어주는 기획 기사를 그대로 기사화하고 있었다. 다국적 제약사와 제약 전문지 기자의 유착은 이렇게 이루어진다.

구태에 젖어 도태되는 제약 전문지

국내 제약사나 다국적 제약사 한국 지사를 드나드는 제약 전문지 기자들의 상황과 형편은 어떠할까?

제약 전문지들이 지면으로 기사를 발행하던 과거에는 소속 기자들의 급여가 일간지, 경제지를 웃돌았다고 한다. 제약 전문지가 지금보다 더 돈이 되던 시절이었다. 당시에는 제약사가 제약 전문지 지면 외에 전문의약품을 광고할 곳이 없었다. 제약 전문지 수가 적다 보니 전문의약품 광고를 하려면 몇 달씩 기다리기도 했다. 일부 제약 전문지는 기자 수가 100명에 육박했다. 중앙 일간지와 제약 전문지에 동시에 합격한 취업준비생이 제약 전문지를 택했다는 이야기는 아직도 업계 술자리에서 안줏거리가 되고 있다.

지면을 발행하던 오래된 제약 전문지들은 어떻게 됐을까? 과거의 화려함은 찾아볼 수 없다. 100명에 육박하던 기자 수는 10명도 되지 않고, 수익도 계속 내리막길을 걷고 있다. 인터넷 시대가 열리면서 수많은 온라인 제약 전문지가 적은 자본으로 창간됐고, 기존 매체의 수익을 나눠가졌다. 수익이 떨어진 매체는 경쟁력을 갖추기보다 기자 수부터 줄였다. 실력 있는 기자들은 다른 분야로 자리를 옮겼다.

오래된 제약 전문지의 도태 이유는 제약 산업 담당 기자에게서 쉽게 파악할 수 있다. 30년간 제약 산업만 담당한 노(老) 기자는 과거의 방식에서 벗어나지 못한다. 제약사에서 찾아와 홍보할 내용을 설명하고 자료를 주면 그대로 기사화해 발행하는 식이다. 예나 지금이나 취재는 생각하지 않는다.

몇몇 제약 전문지 기자들을 대상으로 국내 제약사 한 곳에서 제품 소개를 하는 자리가 있었다. 소개 내용을 보도하지 않도록 한 자리는 아니었으나, 기사로 쓸 만한 내용이 아니었다. 그 제약사는 일본 제약사로부터 들여온 DPP-4(Dipeptidyl

Peptidase-4) 억제제 성분에 특허 만료 성분을 더한 당뇨병 복합제(복합 제제 복제약)를 소개하려고 했다. 기존에 파스나 구내염 치료제 등 일반의약품을 주로 팔던 제약사의 새로운 사업이었다.

DPP-4 억제제는 가장 널리 사용되는 당뇨병 치료제로서 시장에 나와 있는 성분만 해도 8가지나 된다.[4] 이 성분들에 또 다른 당뇨병 치료제 성분인 메트포르민(metformin)을 더한 복합제가 국내에서 많이 처방된다. DPP-4 억제제와 복합제는 국내 제약사 매출에서 큰 몫을 차지한다. DPP-4 억제제인 제미글로(성분명 제미글립틴)를 개발한 LG화학은 복합제까지 포함하여 2023년에 1500억 원에 달하는 원외처방액(병의원 밖 약국에서의 처방약 매출)을 기록했다(유비스트 자료 기준).

그 제약사는 DPP-4 억제제 시장의 후발주자로서 매출 확대를 위해 자사 제품이 기존 제품보다 나은 점을 부각시키려 했다. DPP-4 억제제라는 진부한 주제를 두고 자사 제품의 장점만 이야기하니 당연히 기사화할 만한 내용이 없었다. 그때, 귀를 의심케 하는 질문이 나왔다. 그것도 30년 넘게 제약 산업만 담당해 온 기자의 질문이었다.

"그런데 DPP-4가 뭐죠?"

제약사로선 홍보에 열을 올리던 분위기를 깨는 당혹스러운 질문이었다. 그 자리에 참석한 기자가 DPP-4 억제제가 무엇인지 모를 것이라고는 상상도 하지 못했을 것이다. 제약 산업 담당 기자라면 한 달만 일해도 모르기 힘든 것이 DPP-4 억제제이다.

곧바로 나는 질문을 한 기자가 DPP-4 억제제 관련 기사를 쓴 적이 있는지 찾아봤다. 놀랍게도 상당히 많았다. 모두가 보도 자료를 그대로 복사해 붙인 기사였다. 그는 보도 자료를 제대로 읽어본 적이 한번도 없는 것이 분명했다.

2000년대 들어 의약품은 빠르게 발전했다. 기존에 치료제가 다양하지 못했던 중증 질환, 자가면역 질환, 희귀 질환 분야에서 신약 개발이 이어졌다. 외과적 치료가 불가능해 백금 기반 화학 항암제에 의존해야 했던 암 분야에는 표적 항암제가 등장하면서 패러다임이 바뀌었다. 다국적 제약사들의 잇따른 성과에 힘입어 면역 항암제로까지 발전해 왔다.

의학으로 치료할 수 없어 각종 민간 요법이 난무하던 아토피, 건선, 천식, 류머티즘 관절염 같은 자가면역 질환에서도 획기적인 치료제의 효과가 확인되어 적응증(indication, 어떤 약물이나 중재로 치료나 예방을 할 수 있는 질병 또는 증상)을 늘려가고 있다. 희귀 질환에서는 한 번 투약으로 완치 또는 장기 효과를 기대할 수 있는 이른바 원샷(one-shot) 치료제가 이목을 사로잡고 있다. 상대적으로 치료제 개발 속도가 더딘 만성 질환에서도 투약 간격이 연장되거나 심혈관계 효과가 확인된 새로운 약품이 쏟아졌다. 당뇨병, 고혈압, 이상지질혈증 같은 만성 질환의 치료제가 빠른 속도로 개발됐다.

가속 페달을 밟은 의약품 개발 속도는 제약 전문지에서 제약 산업을 다루는 방식의 변화를 요구했다. 하지만 제약 전문지 기자들의 변화는 그 속도를 따라잡기에 충분하지 않았다. 2장에서 논할 국내 제약사의 의약품 개발 문제까지 거론할 필요도 없이, 제약 전문지 기자들의 취재는 민망한 수준에서 벗어나지 못하고 있다.

그렇다면 제약 전문지에서 오랫동안 활동한 기자가 아닌 젊은 기자들은 어떠할까? 다섯 손가락 안에 꼽히는 제약 전문지의 기자들은 일간지나 경제지 기자 부럽지 않은 급여를 받는다. 업무량이나 근무 환경도 나쁘지 않다. 일간지나 경제지 기자가 되려고 준비하다가 제약 전문지를 알게 돼 방향을 바꾸는 경우도 적지 않다. 특히 생명공학이나 생명과학 같은 제약 산업 관련 전공을 한 사람이 기자가 되려고 하는 경우에는 제약 전문지의 우선순위를 더 높게 둔다. 드물지만 간호사 같은 의료 분야 출신도 있다.

이렇다 보니 제약 전문지에 새로 들어오는 기자들의 기본 역량이 부족해 보이지는 않는다. 실제로 신입 기자들이 전문성 있는 기사를 많이 쓰고 있다. 다만 그들 또한 제약 전문지의 구태에 금방 물드는 것이 문제다.

대법원이 개량 신약 수출을 막았다고?

2019년 1월 대법원 민사 1부는 일본계 다국적 제약사 아스텔라스가 국내 복제약 제조사인 코아팜바이오를 상대로 제기한 특허권 침해 금지 상고심 선고를 내렸다.[5] 아스텔라스의 대표 제품인 과민성 방광염 치료제 베시케어(성분명 솔리페나신 숙신산염)의 물질특허권을 두고 다툰 소송이었다. 당초 베시케어의 연장된 물질특허는 2017년 7월에 만료될 예정이었다.

문제는 코아팜바이오가 베시케어의 물질특허 만료 이전인 2016년 7월에 같은 약효 성분인 솔리페나신으로 만든 복제약 에이케어(성분명 솔리페나신 푸마르산염)의 식품의약품안전처 허가를 취득하면서 발생했다. 코아팜바이오는 자사의 에이케어가 베시케어의 숙신산염을 푸마르산염으로 변경하여 물질특허를 회피한 개량 신약이라고 주장했다. 염은 용도나 효능에는 영향을 미치지 않고 안정성, 용해도, 흡수율에 변화를 일으키는 일종의 촉매제다(그래서 염이 다르면 다른 약으로 보기도 한다).

염이 달라지면 약물의 화학 구조가 바뀌어 약리적 변화가 생길 수 있으므로 일반 복제약과 달리 안전성, 유효성 입증 자료를 제출해야 한다. 다만 세계적으로 널리 사용되는 다양한 염이 있으므로 연구나 개발을 해서 개량 신약을 만들어냈다고 하기에는 무리가 있다.

소송의 쟁점은 베시케어의 연장된 물질특허 효력을 이 같은 염 변경으로 회피할 수 있느냐에 있었다. 염 변경을 통한 물질특허 회피는 국내에서 아주 일반적이지는 않지만, 사례를 쉽게 찾을 수 있다. 1심과 2심 재판부는 코아팜바이오의 손을 들어줬다. 염 변경은 물질의 약리적 변화를 일으킬 수 있으므로 연장된 물질특허를 회피할 수 있다는 판단이었다. 하지만 대법원의 판단은 달랐다. 염을 변경했지만 유효 성분과 약효, 용도가 동일하므로 물질특허를 회피할 수 없다고 했다.

대법원은 "약학적으로 허용 가능한 염 등에서 차이가 있더라도 발명이 속하는 기술 분야에서 통상의 지식을 가진 사람이라면 쉽게 이를 선택할 수 있는 정도에 불과하고, 인체에 흡수되는 유효 성분의 약리 작용에 의해 나타나는 치료 효과나 용도가 실질적으로 동일하다면 존속 기간이 연장된 특허권의 효력이 침해 제품에 미치는 것으로 보아야 한다"며 2심 판결을 파기하고 특허법원으로 환송했다. 특허법원은 이 판결을 확정했다. 이로써, 염 변경은 전문가라면 쉽게 선택할 수 있는 수준이므로 이것만으로 물질특허를 회피할 수 없다는 대법원 판례가 만들어졌다.

이 판결에 국내 제약사들이 발칵 뒤집혔다. 이미 염 변경으로 물질특허를 회피해 판매하고 있던 의약품에 불확실성이 생긴 데다, 향후의 염 변경을 통한 물질특허 회피 전략을 수정해야 했다. 불리한 상황이 벌어지자 국내 제약사들은 대법원의 결정에 불만을 드러냈다.

그런데 다음날부터 제약 전문지들이 쏟아낸 기사에 실린 반발 이유는 다소 군색했다. 대법원이 국내 제약사의 개량 신약 개발 의지를 꺾는 판단을 했다, 또는 개량 신약을 통한 해외 진출, 즉 개량 신약 수출을 가로막았다는 식이었다. 다양한 제목으로 기사가 쏟아졌지만 내용은 대동소이했다. 대법원의 결정에 국내 제약사보다 제약 전문지 기자가 더 화를 내는 모양새였다.

제약 전문지가 국내 제약사의 광고비로 운영되긴 하지만,

영향력 있는 특정 제약사에 관한 사안이 아니라면 기자가 재량권을 발휘할 수 있다. 게다가 제약업계 전체를 아우르는 사안이라면 스스로 판단해서 취재하고 기사를 작성할 수 있다. 대법원의 판단이 나오고 나서 제약 전문지 기자들은 국내 제약사 관계자들을 만나 개량 신약의 가치에 관해 들었을 것이다. 그러고는 대법원의 판단 때문에 개량 신약 개발 의지가 꺾이고 해외 진출이 어려워질 것을 우려했을 것이다.

대법원의 판단을 부정적으로 바라본 기사를 내보낸 친한 기자에게 전화를 걸어보았다. 그가 한 말의 요지는 이러했다. "솔직히 국내 제약사가 신약 개발 못 하잖아요. 수출하려면 개량 신약밖에 없는데 국내에서도 가치를 인정받지 못한 꼴이 됐네요." 어떤 압력도 받지 않고 스스로 판단한 내용이다.

통화가 끝난 후 국내에서 개량 신약 개발에 가장 적극적이고 해외 수출 계약을 체결했다는 보도 자료도 수시로 배포하는 한국유나이티드제약에 전화했다. 개량 신약 수출 실적을 문의했다. 국내 제약사들이 말하듯 국산 개량 신약이 국제 경쟁력을 갖췄다면 수출 계약을 넘어 수출 실적도 있었을 것이다. 하지만 "아직 수출 사업 초기라 뚜렷한 실적이 없다"는 답이 돌아왔다. 한국유나이티드제약이 개량 신약 수출을 신사업으로 내세운 것은 1999년 즈음이다. 20년 넘게 지났지만 여전히 수출 사업 초기에 머물러 있었다.

다음에는 한국제약바이오협회에 연락했다. 대법원의 판단에 가장 크게 반발한 국내 제약사 연합체다. 한국제약바이오협회의 주장대로 국산 개량 신약이 국제 경쟁력을 갖추어 수출 전망이 밝다면 최소한 현황 정도는 파악하고 있었을 것이다. 하지만 역시나 "개량 신약 수출 관련 자료는 없다"는 대답만 돌아왔다. 한국유나이티드제약과 한국제약바이오협회에 문의한 개량 신약에는 염 변경뿐만 아니라 약효 지속 시간을 연장한 서방정, 복제약끼리 조합한 복합제, 알약이나 캡슐 같은 제형 변경까지 포함돼 있었지만 수출 실적이 전무했다.

이런 상황에서 일방적으로 국내 제약사의 입장을 대변하는 기사만 쏟아졌다. 스스로 재량권을 발휘해서 기사를 쓴다면, 적어도 그동안 국내에서 외국에 비해 염 변경의 가치가 과대평가된 것은 아닌지, 외국에도 염 변경을 통해 물질특허를 회피 사례가 있는지 정도는 확인했어야 했다. 국내 제약사를 대변하고 싶다면 차라리 "왜 줬다가 뺐느냐?"고 항변하는 기사를 쓰는 것이 더 적절할지 모른다.

제약사의 의약품 매출을 읊어대기만 하는 기자들

데이터를 활용하면 말이나 글에 힘이 실린다. 주장이나 목적을 뒷받침하는 근거로 작용하기 때문이다. 언론 기사에서도 데이터는 폭넓게 활용된다. 단순히 데이터를 설명하거나 전문가를 통해 분석하는 기사도 있지만, 완전히 새로운 데이터가 아니라면 대개는 사실관계나 환경 요인 등을 설명하는 기사의 근거로 데이터가 이용된다.

제약 전문지 기자들도 데이터를 확보하기 위해 노력한다. 의약품 연구 결과나 영업 활동에 따른 매출 등 활용도가 높은 데이터에 관심이 쏠린다. 다만 데이터 자체로는 논점이 성립되지 않는다. 데이터를 나열하기만 하는 기사는 가치가 없다. 출산율 데이터를 가지고 기사를 작성한다면, 단순히 연도별 출산율 변화를 보여주는 것만으로는 기사로 별 의미가 없다. 의미가 있으려면, 이를테면 그 데이터를 정부가 출산율 대책을 세울 필요가 있다는 주장의 근거로 활용할 수 있다. 기존 정책이 수립된 시기의 출산율 데이터와 연계하여 분석하면 더 깊이 있는 기사가 된다.

안타깝게도 제약 전문지에서는 데이터를 나열하기만 하는 기사를 쉽게 볼 수 있다. 대부분 특정 의약품의 매출액이나 처방액을 늘어놓는 식이다. 시장에서 경쟁하는 의약품들을 줄 세우는 수준이다. 나름의 분석 같은 표현이 들어가기도 한다. "잘 나가는 OOO, 2위와 격차 벌려". 이런 기사들은 매출액을 비교해서 전년 혹은 전분기, 전월과 차이가 있었다고만 한다. 그런 차이가 왜 나타났는지는 설명하지 않는다. 제약 전문지에는 왜 이런 기사가 흔할까?

국내 제약 산업에는 의약품 매출 데이터를 집계하는 2가지 플랫폼이 있다. 세계 의약품 시장 조사 기업 아이큐비아(IQVIA) 한국 지사와 국내 원외처방 의약품 시장 조사 기업 유비스트(UBIST)이다. 두 플랫폼은 각기 다른 의약품 매출 데이터를 기반으로 한다. 아이큐비아는 주로 도매유통업체의 의약품 납품 매출을, 유비스트는 약국에서 국민건강보험에 청구하는 원외처방액을 집계한다. 아이큐비아의 데이터는 국민건강보험이 적용되지 않는 항암제, 희귀 의약품, 자가면역 질환 치료제, 병의원에서 처방되는 주사제 등에서, 유비스트의 데이터는 국민건강보험이 적용되는 만성 질환 치료제 등에서 강점을 보인다. 두 데이터 모두 실제 의약품 매출과 완벽히 일치하는 것은 아니며, 의약품 시장의 현황과 흐름을 파악할 수 있는 참고 자료일 뿐이다.

문제는 일부 제약 전문지 기자들이 이런 데이터를 단순히 복사해 붙이듯 기사화하고 있다는 데 있다. "치열한 DOAC 시장에서 다이이찌산쿄의 릭시아나(성분명 에독사반)가 유비스트 기준으로 지난달 혹은 지난 분기 대비 원외처방액 규모가 일정 부분 상승했다" 같은 기사를 예로 들 수 있다. 직접 작용 경구용 항응고제(Direct Oral Anti-Coagulant, DOAC)는 심방세동 환자의 혈전을 예방하는 약물로서, 오랫동안 사용되어 온 비타민 K 길항제(VKA)인 와파린(warfarin)을 빠르게 대체하고 있다.

예로 든 기사의 목적은 데이터 자체다. 이것이 데이터를 활용하는 기사가 되려면, 세계 DOAC 시장에서 릭시아나가 3위에 그친 데 반해 국내 시장에서는 전혀 다른 매출 추이를 보이고 있다는 식의 보도를 뒷받침하는 근거로 유비스트 데이터를 이용해야 한다. 그 이유에 대한 분석도 들어가야 한다.

하지만 제약 전문지에서 유비스트나 아이큐비아의 데이터를 근거로 활용한 기사는 찾아보기 어렵다. 제약 전문지가 유비스트나 아이큐비아의 데이터로 함량 미달의 기사를 양산하는 데에는 여러 가지 원인이 있다. 무엇보다 유비스트나 아이큐비아의 데이터에 대한 접근성이 낮기 때문이다.

제약 전문지 기자라고 하더라도 유비스트나 아이큐비아의

데이터를 구하기는 쉽지 않다. 억대의 구독료를 낼 수 있는 제약 전문지는 거의 없다. 그렇다 보니 유비스트나 아이큐비아에 고액의 구독료를 지불하는 제약사나 의료기기 회사의 직원이 몰래 건네주는 자료에 의존할 수밖에 없다. 자료 출처에 대한 비밀을 지켜줄 만큼 거래처와 신뢰를 쌓은 기자만 유비스트나 아이큐비아의 데이터를 확보할 수 있다.

구독료를 내지 않은 제약 전문지나 소속 기자가 데이터를 기사화하더라도 유비스트나 아이큐비아는 강하게 제재하지 않는다. 기사에 언급되는 "유비스트에 따르면," "아이큐비아 기준으로" 같은 출처 표시가 신뢰도 향상과 광고 효과로 이어지기 때문이다. 그렇다고 제약 전문지에 데이터를 무상으로 제공하는 일은 없다.

데이터에 대한 접근이 어렵다는 것은 데이터 자체의 가치에 대한 착각을 일으킨다. 실제 가치보다 높게 평가될 수 있다. 유비스트나 아이큐비아의 데이터는 그 자체로는 의미가 없다. 거르고, 분류하고, 재구성하고, 분석하고, 용도에 맞게 가공해야 가치가 발생한다. 착각은 데이터를 목적으로 하는 나열식 기사만 만들어낸다.

제약 전문지의 촉박한 기사 마감 시한도 한 원인이다. 소위 잘나가는 제약 전문지는 대부분 기자에게 1일 2마감을 요구한다. 홈페이지의 오후 판갈이(메인 화면 재구성)를 위한 오전 마감, 다음날 판갈이를 위한 오후 마감이다. 일간지나 경제지와 비교하면 시간이 촉박하다. 당연히 기사의 질이 떨어진다. 짧은 시간 안에 마감할 기삿거리를 구하지 못하면 유비스트나 아이큐비아의 데이터를 찾게 된다.

유비스트나 아이큐비아의 데이터로 쉽게 마감하다 보면 곧 익숙해진다. 문제가 있다는 생각 자체를 하지 않게 된다. 게다가 모든 제약 전문지가 데이터를 나열하기만 하는 기사를 쓰고 있기에 굳이 노력할 이유도 없다.

코리아 패싱이 우려된다고?

몇 해 전부터 다국적 제약사 한국 지사들 사이에서 '코리아 패싱(Korea passing)'이라는 말이 유행하고 있다. 정확히는 다국적 제약사 한국 지사 직원들의 주장이다. 본사에서 개발한 신약의 한국 내 판매를 포기한다는 의미다. 규모가 작은 한국 시장에서 얻는 득보다 실이 커 한국에 신약을 출시하지 않겠다는 일종의 '으름장'이다.

우리나라는 전 국민이 의무적으로 내는 보험료로 공공 의료보험인 국민건강보험을 운용하고 있다. 새로운 의약품이 국민건강보험 급여 대상이 되려면 보건복지부, 국민건강보험공단, 건강보험심사평가원 등과 약값 협상을 해야 한다. 재정에 한계가 있는 정부는 환자들에게 일괄적으로 적용되는 약값을 낮추기 위해, 다국적 제약사는 약을 높은 가격에 공급하기 위해 팽팽한 접전을 벌인다. 양측은 쉽게 합의점에 도달하지 못한다.

합의점 도출이 힘든 이유에는 국민건강보험이 적용되는 의약품의 약값이 투명하게 공개된다는 점도 한몫을 한다. 외국에서는 국가 혹은 민간 보험사가 제약사와 합의한 약값을 대부분 공개하지 않는다. 다국적 제약사 한국 지사 사람들의 말에 따르면, 우리나라와의 협상에서 기대치보다 낮게 합의한 약값이 공개되면 다른 국가나 민간 보험사와의 협상에서 불리해질 수 있어 '코리아 패싱'이 우려된다는 것이다. 일견 맞는 말 같다.

일부 제약 전문지 기자들이 '코리아 패싱' 우려에 관한 기사를 쓰기도 한다. 과연 '코리아 패싱'이 우려되니 우리 정부는 다국적 제약사가 책정한 약값을 그대로 받아들여야 할까? '코리아 패싱'은 다국적 제약사 측의 주장일 뿐이다. 다국적 제약사가 국내에서 판매하는 의약품 가운데 가장 큰 매출액을 기록하고 있는 MSD(머크)의 면역 항암제 키트루다(성분명 펨브롤리주맙)를 살펴보자.

키트루다로 대표되는 면역 항암제는 적응증을 빠르게 확대해 가고 있다. 가장 많이 처방되는 적응증은 비소세포폐암이다. '코리아 패싱'에 대한 우려의 목소리가 나오며 국민건강보험 적용 여부를 두고 시끄러웠던 문제는 비소세포폐암 1차 치료제로서의 사용이었다. 키트루다는 2018년 국내에서 비소세포폐암 1차 치료제로 승인됐다. 그런데 이후 4년간이나 정부와 MSD는 합의점을 찾지 못했다. 국민건강보험 재정분담안이 주요 쟁점이었고, 결국 약값 문제였다. MSD는 로슈의 면역 항암제 티쎈트릭(성분명 아테졸리주맙)이 비소세포폐암 1차 치료제로 승인되자 협상에서 양보함으로써 2022년에 드디어 키트루다의 비소세포폐암 1차 치료제 보험 적용을 받게 됐다.

우려가 제기된 '코리아 패싱'은 일어나지 않았다. MSD가 키트루다에 대한 우리나라 암 환자의 접근성 향상을 위해 양보했을까? 한국 시장에서 수익만 추구하던 MSD의 이전 행보에 변화가 일어난 것일까? 키트루다는 비소세포폐암 1차 치료제를 제외한 여러 적응증으로 국민건강보험 적용을 받고 있었다. 특히 2017년에 비소세포폐암 2차 치료제로 이미 국민건강보험 적용 대상이 되었다.

다국적 제약사는 높은 약값의 이유로 천문학적 연구개발비를 내세운다. 이 주장을 파헤쳐보면 생산 원가 때문에 약값이 높은 것은 아님을 알 수 있다. 의약품은 개발비가 많이 들 뿐, 생산 원가는 높지 않다. 다시 말해, 많이 팔수록 크게 남는다. 게다가 정부가 계속 확대하고 있는 위험분담제를 통해 국내에서도 약값을 감출 수 있다. 위험분담제(Risk Sharing Agreement, RSA)란 신약의 효능이나 효과, 보험 재정에 미치는 영향 등과 관련된 불확실성을 제약사가 분담하는 제도이다. 보험 청구 금액의 일정 비율을 제약사가 국민건강보험공단에 비공개로 환급함으로써 실제 약값을 숨길 수 있다.

최근 혈액암 치료제 킴리아(성분명 티사젠렉류셀), 척수성근위축증 치료제 졸겐스마(성분명 오나셈나젠 아베파르보벡) 같은 초고가 희귀 질환 신약의 사례를 세계적으로 살펴봐도 우리나라의 국민건강보험 적용이 빨랐다. 일부 기자들이 '코리아 패싱'을 우려할 만한 의약품은 다소 애매한 입지에 있는 것들이다. 국민건강보험을 적용하기에는 기존 치료제에 비해 효과가 획기적이지 않은 것들이 많다. 비용효과성 연구도 다국적 제약사의 후원으로 이루어지는 경우가 많아 정부로서는 모두 받아들이기가 어렵다. 비용효과성이란 비용과 효과를 비교하여 비용이 같으면 효과가 큰 것을, 효과가 같으면 비용이 작은 것을 선택하기 위한 평가 지표를 의미한다.

다국적 제약사는 자사의 신약에 국민건강보험이 적용돼야 한다고 주장하지만, 정부는 다국적 제약사가 책정한 높은 약값, 그것이 전체 보험 재정에 미치는 영향, 다른 의약품이나 질환과의 형평성 문제를 고려하지 않을 수 없다. 효과가 애매한 의약품은 국민건강보험 적용이 지연될 수밖에 없다.

해외에서 팔리는 약값을 알 수 없는 상황에서 '코리아 패싱'을 주장하는 것 또한 문제가 있다. 다국적 제약사 바이오젠의 척수성근위축증 치료제 스핀라자(성분명 뉴시너센나트륨)는 1억 원에 달하는 약값이 국민건강보험 적용에 걸림돌이 됐었다. 당시 다국적 제약사의 입장을 친절하게 반영한 기자들의 기사에는 'A7 최저가'라는 말이 자주 등장했다. A7은 정부가 약값을 참조하는 국가들인 미국, 영국, 프랑스, 독일, 이탈리아, 스위스, 일본을 의미한다. 기자들이 직접 취재해서 A7 최저가로 썼다고 보기에는 기사들의 목소리가 너무 똑같았다.

스핀라자는 2019년에 국민건강보험이 적용됐다. 이듬해에 바이오젠 한국 지사 대표이사와의 인터뷰가 있었다. 여러 매체가 함께 진행했다. 인터뷰는 대부분 스핀라자에 대한 이야기였다. 초고가 신약인 스핀라자를 국민건강보험에 진입시킨 업적을 치켜세우는 질문들이 이어지던 중 손을 들고 물었다.

"타 국가에서의 스핀라자의 실제 가격을 알고 계신가요? 표시가격(의약품 포장지에 적힌 가격) 말고 말입니다."

예상된 답이 돌아왔다. 대부분의 국가에서 실제 가격은 비공개이기 때문에 알 수 없다고 했다. 다시 물었다.

"그럼, 스핀라자 보험 급여 협상 당시 쏟아진 기사에서 말한 A7 최저가라는 주장은 어디에서 나왔을까요?"

"A7 최저가라는 것은 표시가격을 의미합니다."

외국에서는 약값이 비밀에 부쳐지기에 표시가격이 아무 의미가 없다. A7 최저가를 주장한 기사들 중에 표시가격이 언급된 기사가 하나도 없지는 않았다. 다만 표시가격이 무의미하다고 밝힌 기사는 하나도 없었다.

왜 제약 전문지 기자들은 '코리아 패싱' 우려 기사나 표시가격 기준 A7 최저가라는 기사만 양산할까? 다국적 제약사로부터 거액의 광고비라도 받는 것일까? 그렇지 않다. 다국적 제약사 담당 기자는 대부분의 미팅이나 술자리를 다국적 제약사 관계자들과 함께한다. 그들은 기자들과의 자리를 원한다. 기자들과 친분과 신뢰를 쌓으려는 철저한 비즈니스 목적이다. 그런 관계는 기자들에게 인간적인 것으로 여겨질 수 있다. 그러면 기자들은 '코리아 패싱' 같은 논리에 넘어간다.

다국적 제약사 관계자들은 그들의 논리를 기자에게 납득시켜서 스스로 기사화하고 싶은 마음이 들게 만든다. 그들의 목적에 부합하는 취재원만 제공하기도 한다. 그 과정에서 다국적 제약사 관계자의 논리가 기자에게 스며든다. 기자는 스스로 생각한 결과라고 믿는다. 다국적 제약사 임직원의 주장에 설득돼 이용당하고 있다는 것을 인식하지 못한다. 일종의 인지부조화(認知不調和)에 빠진다. 기자는 결국 정부가 신약 대우를 제대로 하지 않아 '코리아 패싱'이 일어나고 A7 최저가임에도 국민건강보험 협상이 난항을 겪고 있다는 결론을 내리게 된다. 심지어 다국적 제약사 한국 지사 관계자가 정부와 다국적 제약사 사이에서 중립을 취하고 있다는 황당한 소리를 하는 기자도 있다. 다국적 제약사의 이익을 위해 일하는 사람이긴 하지만, 기자 본인 입장에서 볼 때 그는 중립적이라는 것이다.

이런 기자가 과연 다국적 제약사 관계자로부터 '코리아 패싱' 이야기를 들으면 스스로 팩트 체크를 하고 분석해서 판단할까? 그렇지 않다. '코리아 패싱'에 동조하면서 함께 우려할 뿐이다.

여러 제약 전문지가 함께하는 다국적 제약사 관계자 인터뷰에 참석할 때마다 '코리아 패싱'을 막기 위한 의견을 묻는 기자도 있다. '코리아 패싱'에 대한 우려가 큰 모양이다. 비록 다국적 제약사 한국 지사장로 부임한 지 얼마 되지 않은 외국인 CEO가 '코리아 패싱'이 뭐냐고 되물어 민망해진 적도 있긴 하지만.

제약 전문지 기자의 이런 태도는 매체나 본인의 이익 때문이어도 문제지만, 아무 생각 없이 받아들인다는 점이 더 큰 문제다. 그저 받아들이는 것이 편하기 때문일까, 아니면 고민할 시간에 다국적 제약사 관계자나 한 명 더 만나 감언이설을 듣는 것이 좋아서일까?

다국적 제약사의 횡포에 눈감는 기자들

다국적 제약사 한국 지사를 출입하는 제약 전문지 기자들의 모임이 있다. 정부 기관이나 국회, 각 산업 협회 등에 존재하는 기자단과 달리, 다국적 제약사를 대표하는 한국글로벌의약산업협회와 거리를 두고 있다. 일반적으로 기자단은 공통 취재원에 대한 효율적 취재를 목적으로 운영된다.

반면 다국적 제약사 출입 기자 모임은 빈약한 제약 전문지의 매체력을 결집함으로써, 독점적 의약품을 무기로 국내 의약품 시장에 지대한 영향을 미치는 다국적 제약사를 견제하기 위해 결성됐다. 다국적 제약사 한국 지사와 홍보 대행사에 휘둘리며 제약 전문지 기자들이 무분별하게 보도 자료를 기사화하거나 보도 자료에 가까운 취재 기사를 쓰던 관행에 대한 자성의 목소리가 설립의 기반이 됐다.

2017년 설립 이후 초기에는 모임 취지에 부합하는 활동을 했다. 대표적으로, 의약품에 대한 국민건강보험 적용 지연의 책임이 정부뿐 아니라 다국적 제약사에도 있다는 공동 취재 결과를 발표했다. 정부 관계자와 다국적 제약사 관계자를 초청해 의약품 제도의 현실과 발전 방향에 대해 비(非)보도를 전제로 거침없는 토론회를 열기도 했다.

하지만 이런 활동이 오래가지는 못했다. 요즘의 공동 취재는 다국적 제약사 한국 지사장을 칭송하는 인터뷰 정도에 불과하다. 다국적 제약사 관계자와의 친분을 바탕으로 취재하고 기사를 쓰는 기자들이 주류를 이루면서 생겨난 변화이다. 모임을 통해 구태에서 벗어나려던 기자들까지 그 흐름에 휩쓸렸다. 이제 모임에서 의약품 제도나 정책의 문제를 지적하는 일은 사라졌고, 다국적 제약사 한국 지사 홍보 담당자나 홍보 대행사 직원의 태도에만 관심을 쏟게 됐다. 여느 기자단과 마찬가지로 취재원과 '좋은 게 좋은 것'이라는 카르텔을 형성해 만족스러운 기자 대우만 바라는 이익 집단이 되어 버렸다. 다국적 제약사가 우리나라 환자의 의약품 접근성을 고려하지 않고 자사의 이익만 추구하는 행위에 관심을 갖지 않게 되었다. 이런 문제를 취재하거나 기사로 내보내면 그들과의 관계가 불편해지기 때문이며, 이런 상황을 스스로 합리화한다.

모임에 속한 한 제약 전문지 기자는 국민건강보험 적용 지연으로 환자들이 어려움을 겪고 있는 것은 정부가 신약의 가치를 인정하지 않기 때문이라는 내용의 기사를 썼다. 저녁 자리에서 만난 그 기자는 환자를 위해 정부가 양보해야 한다는 취지의 발언을 늘어놓았다. 내가 물었다.

"보험 적용 지연의 책임이 전적으로 정부에 있다는 기사는 환자를 위한 게 아닌 것 같은데요?"

"환자들이 피해를 보고 있잖아요. 환자를 위한 기사를 써야죠."

"지금 하는 이야기는 환자를 위한 게 아니라 다국적 제약사를 위한 것 같은데요?"

그 기자는 정부가 환자를 위해 신속히 국민건강보험을 적용해야 한다는 다국적 제약사의 주장을 그대로 읊어댔다. 이것은 그 기자가 다국적 제약사의 후원으로 해외에서 열리는 학회에 자주 가는 것과 관련이 있지 않을까?

모임의 설립 취지가 완전히 사라졌다는 판단은 국세청이 다국적 제약사 화이자의 한국 지사에 부과한 원가율 관련 추징금 사건에서 뚜렷해졌다. 다국적 제약사 한국 지사는 일반적으로 한국 시장에서 거둔 수익의 일부를 본사 배당금으로 송금한다. 한국 시장에 재투자되지 않고 본사 이익으로 들어가는 이 배당금에 대한 시선은 곱지 않다. 배당금 규모에 대한 기사는 제약 전문지에서 잊을 만하면 나오는 단골 뉴스다.

그런데 배당금 기사에 한국화이자제약이 보이지 않았다. 국내에서 가장 큰 매출을 올리는 다국적 제약사인데, 특정 연도를 제외하면 의결권 방어를 위한 우선주 배당이 전부였다. 본사가 소유한 12,000주에 대해 1주당 1,000원씩, 매년 1200만 원만 본사 배당금으로 송금됐다.

적은 배당금의 미스터리를 국세청이 풀었다. 국세청은 2020년 한국화이자제약에 대해 세무 조사를 실시하여 300억 원이 넘는 추징금을 부과했다. 취재 결과, 한국화이자제약이 본사에 이익을 배분하는 방식은 매출에서 발생하는 수익을 배당하는 것이 아니라 본사로부터 들여오는 의약품의 원가율을 높이는 것이었다. 본사의 이익을 늘리면서 우리나라에 내는 세금도 줄이는 꼼수다. 화이자를 포함한 다국적 제약사의 높은 원가율 문제는 3장에 자세히 다룬다.

단독 기사를 쓰고 싶은 욕심이 났다. 하지만 우리나라 여론에 큰 신경을 쓰지 않는 화이자가 이미 두들겨맞은 탈루 세금에 관한 기사에 눈 하나 깜짝하지 않을 것이란 생각이 들었다. 더군다나 매체력 약한 제약 전문지의 기사라면.

그래서 다국적 제약사 출입 기자 모임을 이용하려고 했다. 힘없는 제약 전문지라도 여러 매체에서 동시에 기사가 나가면 화이자의 향후 행보에 영향을 미칠 수 있다고 판단했다. 모임에서 취재 내용 전체와, 우리나라 제약 시장을 유린하는 화이자의 본사 배당 방식에 대해 자세히 설명했다. 기사화 여부는 모임의 원칙대로 기자 각자의 재량에 달려 있었다. 기사를 동시에 발행하기로 한 날, 내가 속한 매체와 다른 한 매체에서만 화이자의 원가율과 세금 추징에 관한 내용이 보도됐다. 이 중요한 내용이 왜 외면당했는지 궁금했다. 나만의 착각이었을까?

그렇다. 나만의 착각이었다. 이미 언급했듯이 모임은 이미 다국적 제약사와의 친분을 중시하는 것이 대세가 돼 버렸다.

화이자를 불편하게 만들기 싫었고, 기사를 쓰려면 새로 취재하고 공부하고 생각해야 할 것이 많으니 접어버린 것이다. 특히 모임의 주류 기자들은 기사화하지 않기로 의기투합하여 각자의 매체에만 보도되지 않을 부담을 미리 해소했다.

이후 화이자에 이어 MSD, 노바티스까지 국세청으로부터 원가율 관련 탈루 세금을 추징받았지만 제약 전문지 기자들은 침묵을 지켰다. 제약 전문지와 소속 기자들의 재도약 발판으로 삼으려 했던 다국적 제약사 출입 기자 모임에 대한 모든 기대를 내려놓았다.

제약사의 광고비로만 운영되는 제약 전문지, 제약사와의 관계가 불편해지는 것을 원치 않는 기자, 이런 약점과 유착을 이용하는 제약사가 규합해 은밀하고 끈끈한 제약 산업 언론 생태계를 구축하고 있다.

2장

복제약 공화국

“

세계적으로 연 매출 10억 달러가 넘는

블록버스터 의약품의 특허가 만료되면

마치 하이에나처럼 국내 제약사 수십 곳에서

수백 종의 복제약을 쏟아내기도 한다.

”

제약 전문지가 안고 있는 문제들은 국내 제약 산업 전체가 풀지 못하고 있는 여러 문제에 비하면 '빙산의 일각'이라는 표현도 아까울 만큼 작다. 국내 제약 산업은 다른 어떤 산업과 비교해도 세계 시장에서 거의 두각을 느러내지 못하고 있다. 국내 제약사는 모두 복제약 판매에만 열을 올리고 있으며, 특허가 만료된 만성 질환 치료제 성분을 조합하는 수준의 복합 제제 복제약을 '자체 개발 신약'이라는 표현으로 홍보하고 있다. 그러면서 다국적 제약사의 의약품을 판매 대행하는 도매상 역할은 또 다른 치부다.

여기에 이의를 제기할 수 있다. 유한양행의 렉라자(성분명 레이저티닙)가 빅 마켓으로 진출했고, 여러 바이오벤처가 가능성을 보이고 있다고. 복제약 판매에 몰두하는 것은 연구개발비를 마련하기 위함이라는 배경 설명도 덧붙일 수 있다. 제약계에는 많은 문제가 있지만, 한 걸음씩 나아가고 있다고 주장할 수도 있다.

이 장에서는 내수 시장 밖에서 보면 걸음마 수준에 불과한 우리나라 제약 산업의 구조와, 이 구조가 지속되면 걸음마 수준도 유지하기 어려운 이유를 설명하려고 한다.

국민건강보험과 복제약 우대 정책

국내 제약 산업이 발전하지 못하고 있는 주요 원인 중 하나는 수명이 다한 과거의 정책을 지속하고 있기 때문이다. 이제는 거기에 수만 명의 생계가 달려 있어 손대기조차 어렵다.

국민건강보험은 1977년 500인 이상 사업장을 대상으로 한 직장 의료보험이 모태가 된 제도다. 이후 1989년에 전 국민을 대상으로 하는 의료보험 제도를 마련하여, 분산됐던 의료보험을 2000년에 통합함으로써 현재와 같은 국민건강보험이 만들어졌다.

그때까지 우리나라는 빠른 경제 발전을 일구어냈다. 하지만 제약 산업은 나라 전체의 성장 속도와 보조를 맞추지 못했다. 전 국민이 적은 비용을 지급하고 적은 혜택을 받는 '저비용 저보장' 기조의 국민건강보험 시스템이 문제가 됐다.

우리나라에서 의약품은 국민건강보험이 적용돼야 본격적인 대규모 판매가 이루어진다. 전 국민을 대상으로 처방이 가능하기 때문이다. 같은 이유로 고가의 의약품은 국민건강보험 적용이 어렵다. 저비용, 저보장 기조에서 비롯된 태생적인 한계다. 신약에 대한 보장은 작을 수밖에 없다.

1980~1990년대 우리나라 제약 산업은 인프라와 인력이

빈약해서 신약을 개발할 동력이 부족했다. 세계적으로도 중증 질환이나 희귀 질환 치료제의 발전이 아직 본격화하지 않은 시기였다. 당시 우리나라 정부가 택한 제약 산업 육성 전략은 복제약 우대 정책이었다. 기반이 약한 국내 제약 산업의 성장을 위해, 복제약 판매 수익으로 연구개발비를 마련한다는 미명 아래 국민건강보험이 적용되는 복제약의 약값을 높게 책정하는 무리수를 두었다. 복제약 제조는 비용이 적게 들고 고도의 기술이 필요하지도 않다. 이것은 신약 연구개발비 투자를 엄두조차 낼 수 없는 영세한 국내 제약사들의 유일한 무기가 되었다.

그런데 이 복제약 우대 정책이 이제는 국내 제약 산업의 발목을 잡고 있다. 높은 복제약 가격으로 벌어들이는 막대한 수익이 연구개발비로 거의 투자되지 않고 있다. 유한양행의 렉라자도 유한양행이 개발한 것이 아니다. 국내 바이오벤처 오스코텍의 미국 자회사인 제노스코에서 개발한 것을 사들여 국내 임상시험을 실시하고 미국 다국적 제약사 존슨앤존슨의 자회사 얀센에 되팔아 기술료를 나눠 갖는 중개상 역할을 한 것이다(유한양행, 오스코텍, 제노스코의 기술료 수익 분할 비율은 6:2:2이다).

국내 제약사들이 복제약을 만들어 파는 방식은 간단하다. 한 공장에서 찍어낸 복제약에 제약사별 포장지만 다르게 붙인다. 식품의약품안전처의 허가를 받는 데 필요한 생물학적 동등성 시험은 여러 제약사가 한꺼번에 실시해 해결할 수 있다. 대규모 유통망이 필요하지도 않다. 박리다매를 하지 않고 적게 팔아도 많이 남길 수 있다. 그래서 자본금이 많지 않아도 제약사를 차려 제약 산업에 쉽게 뛰어들 수 있다. 그렇다 보니 의약품의 개발이나 생산이 아니라 판매에만 열을 올리게 됐다. 상품성 차이가 전혀 없는 복제약 수십 종이 의사의 처방을 받아내기 위해 과열된 경쟁을 벌이게 됐다.

가벼운 질환으로 동네 병의원을 찾았다가 원조약(original medicine, 흔히 '오리지널'. 특허가 유효하거나 만료된 신약을 복제약에 대응해 일컫는 말)을 처방받는 비율이 얼마나 될까? 원조약인지 복제약인지 확인하는 환자는 드물며, 적어도 나의 경험으로는 없다. 동네 병의원에서 처방이 이루어지는 원조약은 소수의 국내 제약사가 개발한 소위 개량 신약 정도이다.

복제약은 원조약을 화학적으로 합성하여 복제한 약이다. 화학적으로 동일하게 합성할 수 없는 원조 생물의약품과 유사하게 만들어 품질, 안전성, 유효성의 비교 동등성이 입증된 약은 동등생물의약품(biosimilar product, 흔히 '바이오시밀러')이라고 한다. 바이오 복제약, 생물의약품 복제약이라고도 부른다. 관련 법령에서 '생물의약품'이란 사람이나 다른 생물체에서 유래한 물질을 원료나 재료로 하여 제조한 의약품으로서 생물학적 제제, 유전자 재조합 의약품, 세포 배양 의약품, 세포 치료제, 유전자 치료제 등이 있다.

원조약과 동일한 약인 복제약의 존재 이유는 단 하나, 낮은 가격이다. 그런데 이상하다. 국내에서 복제약의 가격은 원조약보다 높은 경우가 허다하다. 일각에서는 원조약의 국내 약값 자체가 낮기 때문이라는 목소리도 있다. 제도상의 문제일 뿐 복제약의 약값이 이미 저렴하다는 주장이다.

과연 그럴까? 국내 복제약 가격이 외국에 비해 낮다면 동일 가격으로 책정된 원조약은 왜 우리나라에서만 철수하지 않고 있는 걸까? 국내 복제약 가격을 다른 나라와 비교하기는 어렵다. 각국 정부나 민간 보험사가 제약사와 개별로 협의한 약값이 공개되지 않기 때문이다. 그렇지만 국내 복제약 가격이 선진국들보다 현격히 높다는 것은 알 수 있다.

2024년 보건복지부의 의뢰로 공주대학교 보건행정학과 김동숙 교수 등이 연구하여 발표한 「2024년 복제약 의약품 약가 제도 개선 방안」 보고서에 따르면[6] 국내 만성 질환 치료제의 가격이 외국에 비해 매우 높은 것으로 나타났다. 이 연구에서는

효능군	연도 (년)	약가 지수								원조약 대비 복제약 약가 수준			
		PTW		PTC		PTP		PTW		PTW	PTC	PTP	PTW
		일반 환율	구매력 지수	일반 환율	구매력 지수	일반 환율	구매력 지수	일반 환율	구매력 지수				
캐나다	2018	0.29	0.24	0.30	0.25	0.40	0.33	0.29	0.24	0.21	0.21	0.21	0.22
	2019	0.30	0.23	0.31	0.24	0.42	0.33	0.30	0.24	0.21	0.21	0.21	0.22
	2020	0.29	0.23	0.30	0.23	0.41	0.32	0.30	0.23	0.22	0.22	0.22	0.23
	2021	0.30	0.23	0.31	0.24	0.42	0.31	0.31	0.23	0.24	0.24	0.24	0.24
	2022	0.34	0.23	0.35	0.24	0.46	0.32	0.34	0.23	0.23	0.23	0.23	0.23
프랑스	2018	0.36	0.31	0.38	0.33	0.49	0.43	1.22	1.06	0.61	0.60	0.64	0.76
	2019	0.36	0.33	0.38	0.35	0.46	0.42	0.63	0.58	0.68	0.68	0.71	0.55
	2020	0.40	0.35	0.43	0.37	0.49	0.43	0.50	0.43	0.70	0.70	0.73	0.48
	2021	0.43	0.38	0.46	0.41	0.53	0.46	0.53	0.47	0.70	0.70	0.72	0.48
	2022	0.44	0.38	0.47	0.41	0.53	0.46	0.57	0.50	0.74	0.74	0.76	0.48
독일	2018	0.17	0.15	0.21	0.19	0.72	0.64	0.20	0.18	0.40	0.42	0.58	0.40
	2019	0.19	0.17	0.23	0.21	0.75	0.67	0.22	0.20	0.38	0.40	0.55	0.37
	2020	0.20	0.17	0.24	0.21	0.78	0.66	0.24	0.21	0.36	0.38	0.53	0.35
	2021	0.22	0.19	0.26	0.23	0.81	0.70	0.25	0.21	0.36	0.38	0.52	0.35
	2022	0.33	0.28	0.37	0.31	0.92	0.77	0.34	0.29	0.41	0.43	0.55	0.41
이탈리아	2018	0.23	0.23	0.25	0.24	0.44	0.42	0.27	0.26	0.63	0.64	0.71	0.79
	2019	0.24	0.24	0.26	0.26	0.44	0.44	0.27	0.27	0.61	0.61	0.68	0.77
	2020	0.27	0.26	0.28	0.27	0.48	0.46	0.29	0.28	0.61	0.61	0.68	0.76
	2021	0.27	0.26	0.29	0.28	0.49	0.48	0.29	0.28	0.60	0.60	0.67	0.79
	2022	0.32	0.31	0.33	0.33	0.58	0.57	0.36	0.35	0.62	0.62	0.69	0.78
일본	2018	0.58	0.48	0.62	0.51	0.73	0.60	0.62	0.51	0.41	0.41	0.41	0.42
	2019	0.59	0.45	0.63	0.48	0.75	0.58	0.63	0.48	0.38	0.38	0.38	0.39
	2020	0.52	0.39	0.56	0.41	0.66	0.49	0.56	0.41	0.35	0.35	0.35	0.35
	2021	0.43	0.35	0.46	0.37	0.55	0.44	0.46	0.37	0.34	0.34	0.34	0.34
	2022	0.35	0.31	0.38	0.33	0.45	0.39	0.38	0.33	0.37	0.37	0.37	0.37
스위스	2018	0.78	0.50	0.84	0.54	1.41	0.91	0.77	0.50	0.64	0.68	0.70	0.63
	2019	0.81	0.51	0.85	0.54	1.47	0.93	0.80	0.51	0.59	0.59	0.65	0.57
	2020	0.86	0.50	0.91	0.54	1.57	0.92	0.86	0.50	0.58	0.58	0.64	0.57
	2021	0.69	0.43	0.73	0.45	1.56	0.96	0.69	0.43	0.57	0.57	0.70	0.42
	2022	0.76	0.45	0.71	0.41	1.69	0.99	0.66	0.38	0.54	0.55	0.71	0.30
영국	2018	0.07	0.06	0.14	0.12			0.14	0.12	0.12	0.25		0.30
	2019	0.06	0.05	0.13	0.11			0.13	0.11	0.12	0.23		0.26
	2020	0.07	0.06	0.14	0.11			0.14	0.12	0.09	0.18		0.26
	2021	0.07	0.06	0.14	0.11			0.15	0.12	0.09	0.18		0.26
	2022	0.06	0.05	0.12	0.09			0.13	0.10	0.09	0.18		0.34
미국	2018	2.54	1.97	2.61	2.03	3.49	2.71	2.54	1.97	0.45	0.45	0.45	0.45
	2019	2.81	2.07	2.91	2.14	3.94	2.90	2.81	2.07	0.45	0.45	0.45	0.45
	2020	2.62	1.86	2.68	1.90	3.63	2.58	2.62	1.86	0.43	0.43	0.43	0.43
	2021	2.46	1.84	2.52	1.88	3.36	2.51	2.46	1.84	0.37	0.37	0.37	0.37
	2022	3.72	2.40	3.80	2.45	5.06	3.26	3.72	2.40	0.60	0.60	0.60	0.60

표1. 고지혈증 치료제 복제약 국내외 약가 비교. 「2024년 복제약 의약품 약가 제도 개선 방안」, 보건복지부, 2024.

미국, 영국, 독일, 프랑스, 일본, 이탈리아, 캐나다, 스위스 등 8개국을 대상으로 위궤양, 당뇨병, 고지혈증, 고혈압 치료제와 항생제의 복제약 가격을 비교했다. 국가별로 제도나 특허 등 제반 상황이 다르므로 네이버에 편향이 없다고 말하기는 어렵다.

하지만 국내 복제약 가격이 높다는 결론은 신약 개발이 지연되면서 특허 성분 대부분의 기간이 만료된 고지혈증 치료제의 약가 비교에서 뚜렷이 나타났다. 2022년 기준으로 영국의 고지혈증 치료제 복제약 가격은 우리나라 약값의 9퍼센트에 불과했고, 캐나다는 24퍼센트, 일본은 33퍼센트였다.

비교한 모든 질환 치료제에서 우리나라가 미국보다 복제약 가격이 낮았지만, 미국 시장에서는 의약품 가격이 제약사와 민간 의료보험사 간의 개별 계약을 통해 책정되는 특성을 고려해야 한다. 이 연구에 포함된 미국 약가 자료는 실제 가격이 아닌 표시가격으로 보아야 한다.

복제약 약값을 전 국민이 납부하는 보험료로 높게 지불해주는 우대 정책이 왜 국내 제약 산업의 발목을 잡을까? 원조약, 특히 특허가 만료된 원조약이라면 이미 수많은 임상 연구와 자료가 축적돼 있다. 우리나라처럼 복제약과 원조약의 가격이 같다면 원조약을 처방하는 것이 상식적이다. 그런데도 동네 병의

원에서는 원조약을 처방하지 않는다.

제약사 입장에서는 복제약 가격이 높으니 동네 병의원 의사의 처방만 이끌어낸다면 리베이트 혹은 일명 '알값'을 주더라도 남는 장사다. 제약사들은 원조약과 복제약 수십 종이 경쟁하는 레드오션 시장에서 살아남으려면 영업력에 절대적으로 의존할 수밖에 없다.

이 구조가 복제약 우대 정책에 의해 발생했다는 근거는 생물학적 동등성 시험 제도의 변화와 소규모 제약사 수의 증감에서도 찾을 수 있다. 공동 생동(생물학적 동등성) 시험은 여러 제약사가 하나의 생물학적 동등성 시험을 함께 실시하는 것을 의미하며, 이를 바탕으로 각 제약사가 따로 복제약 제품을 출시한다. 2011년 규제개혁위원회는 식품의약품안전청(현 식품의약품안전처)에 공동 생동 시험 규제 개선을 권고했다. 공동 생동 시험을 규제하는 것은 과학적이지 않을뿐더러 규제로 시장에 개입하는 것은 불합리하다고 했다.

이 권고로 식품의약품안전청은 생동 시험 데이터 조작 사건 때문에 2007년부터 시행된 공동 생동 시험 규제 조항을 삭제했다. 공동 생동 시험 규제가 풀리자 소규모 제약사가 난립하기 시작했다. 실제로 식품의약품안전처가 발간한 「2023년

단위 : 개소, 백만 원

구분		총계	10억 원 미만	10억~ 50억 원	50억~ 100억 원	100억~ 500억 원	500억~ 1000억 원	1000억~ 3000억 원	3000억~ 5000억 원	5000억 원 이상
업체수	2010	270	57	49	28	69	29	27	6	5
	2011	267	58	41	26	71	31	29	8	3
	2012	285	54	49	28	86	35	22	8	3
	2013	285	45	61	21	85	35	27	7	4
	2014	299	51	61	28	83	36	30	5	5
	2015	356	124	50	28	77	36	31	5	5
	2016	353	111	54	27	80	39	29	8	5
	2017	357	108	56	23	84	40	32	9	5
	2018	329	107	43	16	72	43	36	6	6
	2019	349	111	54	16	70	39	45	8	6
	2020	395	137	53	23	84	40	43	9	6
	2021	399	133	57	26	80	44	40	11	8
	2022	399	125	57	26	79	47	45	9	11
생산액	2010	14,234,674	21,333	122,860	210,427	1,814,949	2,139,697	4,463,960	2,373,582	3,087,865
	2011	14,109,396	20,072	96,047	178,933	1,838,955	2,135,180	4,799,714	3,061,202	1,979,294
	2012	13,749,984	15,715	124,981	197,139	2,256,526	2,435,477	3,878,881	3,059,721	1,781,543
	2013	14,132,536	12,918	169,892	147,549	2,165,392	2,363,681	4,483,346	2,568,931	2,220,827
	2014	14,280,482	16,231	161,269	196,066	2,122,575	2,388,957	4,985,705	1,772,812	2,636,867
	2015	14,856,025	18,311	132,116	208,104	2,033,369	2,494,303	5,309,294	1,820,359	2,840,169
	2016	16,332,406	18,060	126,740	201,011	2,072,538	2,954,835	4,889,820	2,983,726	3,085,675
	2017	17,551,029	19,800	140,509	171,069	2,250,816	2,948,271	5,383,556	3,330,883	3,306,125
	2018	18,543,782	25,497	103,812	114,600	2,020,833	3,183,107	6,607,949	2,357,595	4,130,389
	2019	19,842,531	30,125	130,344	116,098	1,789,118	2,709,254	7,700,100	2,996,835	4,370,657
	2020	21,023,589	29,204	122,560	159,714	2,226,189	2,751,309	7,782,528	3,456,728	4,495,358
	2021	22,445,107	29,006	151,909	193,940	2,174,011	3,023,279	6,825,692	4,206,755	5,840,516
	2022	25,571,174	29,301	137,655	200,566	1,977,191	3,370,119	7,867,548	3,310,214	8,678,581

※완제 의약품 생산 규모별 업체 수 및 생산액. 연도별(2010~2022). 자료: 식품의약품안전처 의약품관리과, 한국제약바이오협회.

표2. 「2023년 식품 의약품 통계 연보」, 식품의약품안전처.

식품 의약품 통계 연보」에 따르면[7] 연간 생산액이 10억 원 미만인 완제 의약품 업체 수는 2010년 57개에서 2020년 137개로, 즉 2.4배로 늘었다. 반면 전체 완제 의약품 생산업체 수는 2010년 270개에서 2022년 395개로, 약 1.5배로 늘어났다.

소규모 제약사들은 소수의 복제약 제품을 공동 생동 시험으로 허가받아 동네 병의원의 처방을 이끌어내는 식으로 운영된다. 이들의 숫자가 늘어난다는 것은 원가가 낮은 복제약을 동네 병의원에 판매하는 것만으로도 충분한 이익을 남길 수 있음을 의미한다. 이는 곧 유통 구조나 영업력이 강한 대형 제약사는 복제약으로 더 큰 이문을 남길 수 있음을 뜻한다. 국내 제약산업의 매출이 대부분 복제약 판매에서 발생한다고 해도 과언이 아니다.

우리나라 국민건강보험 의약품 약가 제도에서는 복제약 가격을 높게 책정하고 있다. 복제약 가격은 특허가 만료되기 전의 원조약 가격을 기준으로 매겨진다. 특허가 만료돼 복제약이 출시되면 원조약 가격은 기존의 70퍼센트로 떨어지고 복제약 가격은 기존 원조약 가격의 59.5퍼센트로 책정된다. 특허 만료 후 1년까지는 원조약과 복제약의 가격 차이가 있다. 하지만 1년이 지나면 원조약과 복제약 모두 기존 원조약 가격의 53.55퍼센트로 책정된다. 즉 특허 만료 후 1년이 지나면 원조약과 복제약의 가격이 같아진다.

가격이 같아지니 원조약의 경쟁력이 지속된다. 일반적으로 외국에서는 원조약의 특허가 만료되면 제약사가 더 이상을 마케팅을 진행하지 않는다. 현저하게 낮은 가격의 복제약이 시장에 나오기 때문이다. 복제약과 가격 경쟁을 하기보다 새로운 제품 개발에 집중한다. 이 일반적인 방식이 우리나라 시장에서는 통하지 않는다. 다국적 제약사는 원조약의 특허가 만료되더라도 한국 시장에서는 마케팅을 이어간다.

의약품 시장 조사 업체 유비스트의 데이터에 따르면, 2022년 전체 원외처방액 상위 10개 의약품 가운데 특허가 만료된 원조약은 7개나 된다. 2012년 특허가 만료돼 국내에 복제약이 쏟아진 비아트리스(화이자의 특허 만료 의약품 판매 계열사)의 이상지질혈증 치료제 리피토(성분명 아토르바스타틴)는 2022년 원외처방액이 2000억 원을 상회했다. 비아트리스 본사는 사업 보고서에서 미국 내 매출을 따로 구분하지 않지만, 분사 이전 화이자 본사의 2018년 사업 보고서에 따르면[8] 당시 미국 시장에서 리피토 매출액은 1200억 원에 불과했으며 하락세가 완연했다. 시장 규모가 20배 이상 큰 미국 시장보다 한국 시장에서 훨씬 높은 매출을 기록했다. 그래서 원조약 제약사는 특허가 만료돼 복제약이 나오더라도 우리나라 시장에서 마케팅을 지속한다.

그렇다면 국내 복제약 제약사들은 특허 만료된 원조약의 점유율을 빼앗기 위해 약값을 낮출까? 그런 경우는 극히 드물다. 원조약과 같은 약값으로 동네 병의원의 처방만 집중 공략한다.

책정된 복제약 가격은 국민건강보험이 적용되는 상한가다. 복제약 제약사는 더 낮은 가격으로 팔 수 있지만, 국민건강보험이 적용되는 저가 약물은 가격 탄력성이 매우 떨어진다. 의약품을 환자가 아니라 의사가 선택하며, 환자의 약값 부담도 전체 약값의 30~50퍼센트에 불과하다. 약값을 낮춰도 경쟁력 향상을 기대하기 어려우므로 복제약 제약사는 가격 인하보다 동네 병의원의 처방을 이끌어내는 데 영업력에 집중한다. 이러한 구조적 문제 때문에 유독 우리나라 의약품 시장에서만 특허 만료 원조약의 수익성이 높고 복제약 제약사가 난립한다. 대형 제약사 또한 복제약만으로 수익이 충분하므로 신약을 개발하는 도박을 하지 않는다.

확실한 해결책은 복제약 가격을 시장 원리에 맞는 수준으로 현저히 낮추는 것이다. 거기에는 국내 제약사들이 개량 신약이라고 주장하는 특허 만료 성분 복합제나 제형 변경 의약품 따위의 모든 복제약을 포함해야 한다. 다만 단기간 내 실현 가능성은 낮다. 국민건강보험이 적용되는 복제약 가격을 외국 수준으로 낮추면 살아남을 국내 제약사가 소수에 불과하기 때문이다. 사실 문 닫을 제약사보다 거기에 소속된 임직원들의 일자리가 문제다. 아울러 발전 가능성 있는 바이오시밀러나 위탁개

발생산(CDMO) 등에 미칠 영향도 예측하기 어렵다.

요컨대, 우리나라 제약 산업의 구조적 문제는 첫 단추부터 잘못 끼워진 복제약 우대 정책에서 비롯됐다. 세계적으로 연 매출 10억 달러가 넘는 블록버스터(blockbuster) 의약품의 특허가 만료되면 마치 하이에나처럼 국내 제약사 수십 곳에서 수백 종의 복제약을 쏟아내기도 한다. 복제약 공화국의 현주소이다.

같은 중국 공장에서 같은 원료로 찍어내 포장만 달리한 복제약

2018년에 국내 제약 산업의 민낯이 적나라하게 드러난 사건이 발생했다. 이른바 '발사르탄 사태'다. 중국산 원료로 생산된 발사르탄 제제에서 발암성 물질이 초과 검출돼 세계적인 회수 대란이 일어났다.

'발사르탄 사태'는 2018년 7월 유럽의약청(EMA)이 중국 제약사 저장화하이(浙江华海药业)에서 제조한 발사르탄 원료 의약품에서 발암성 불순물인 N-니트로소디메틸아민(NDMA)이 초과 검출돼 유럽 전역에서의 제품 회수를 발표하며 시작됐다.[9] 이어 미국은 물론이고 국내에서도 관련 제품의 대규모 회수가 진행됐다. 발사르탄은 고혈압 치료제로 널리 사용되어 장기간 복용하는 환자가 많았다. 발암 물질에 대한 공포감이 전 세계를 덮쳤다.

사태 초기에는 발암 물질 검출을 관리하지 못한 규제 당국으로 화살이 향했다. 회수 과정에서 발생한 의료 현장의 혼란도 문제였다. 하지만 이런 논란은 오래지 않아 사그라든다. N-니트로소디메틸아민이 발암성 물질이긴 하지만, 검출량이 인체에 문제가 될 가능성이 낮다는 영향 평가 보고서가 잇따라 나왔고 현장의 혼란 또한 시간이 흐르면서 잊혔다.

진짜 문제는 국내 제약 산업 구조에 있었다. 국내에서 회수된 발사르탄 제제 의약품은 54개 업체의 115종이었다. 국내 제약 시장의 20배가 넘는 미국 시장에서 3개 업체의 10종이 회수된 것과 큰 차이가 있다. 미국 외에 영국이 2개 업체의 5종, 캐나다가 6개 업체의 21종이었다. 우리나라만큼 많은 제품이 회수된 나라는 없었다.

한 달 후 다른 중국 제약사인 주하이룬두(珠海润都制药)의 발사르탄 원료 의약품에서도 N-니트로소디메틸아민이 검출되며 추가로 회수된 제품이 국내에서만 59개에 달했다. 국내 제약사들이 같은 중국 공장에서 같은 원료로 복제약을 찍어낸 뒤 포장만 달리해 판매하고 있음이 증명된 셈이다. 회수된 의약품 중에는 종근당, SK케미칼, 한독, 부광약품 등 국내 대형 제약사의 제품도 있었다.

이 사건에서 국내 복제약 가격이 원조약보다 높을 수 있다는 사실도 드러났다. 발사르탄 회수 과정에서 의약품 목록이 공개되면서 복제약 가격이 원조약보다 높은 기형적 현상에 대한 문제 지적이 있었다. 발사르탄 단일 제제 원조약은 노바티스의 디오반, 고혈압 치료제인 암로디핀과의 복합 제제 원조약은 노바티스의 엑스포지다. 당시 국내 시장에 있던 발사르탄 80밀리그램(mg) 단일 제제 67종 가운데 디오반의 가격 순위는 놀랍게도 47위였다. 46종이 원조약인 디오반보다 비쌌다. 160밀리그램 단일 제제 역시 유사했다. 1정당 957원인 디오반보다 비싼 복제약이 28종에 달했다.

이 같은 원조약과 복제약의 가격 역전은 발사르탄 제제 의약품만의 특이한 현상이 아니다. 대부분의 특허 만료 의약품에서 일어나고 있는 아주 일반적인 현상이다. 원조약의 특허가 만료되고 나서 1년이 지나면 원조약과 복제약 모두 특허 만료 전 보험 적용 상한가의 53.55퍼센트로 가격이 책정된다.

이후 이루어지는 의약품별 약값 책정에서 사용량-약가 연동 협상 제도(PVA, 사용량이 일정 기준을 초과한 급여 의약품을 대상으로 제약사와 국민건강보험공단이 협상하여 약값을 인하하는 제도), 실거래가 상환 제도(의료 기관에서 의약품을 구입한 후 국민건강보험공단에 실제 구입 가격을 청구하면 급여 기준 범위 내에서 비용을 상환받는 제도), 실거래가 약가 인하 제도(의약품의 실거래가를 조사하여 상한 금액을 사후에 조정하는 제도)가 적용되다 보면 원조약 가격이 복제약보다 낮아지는 현상이 발생한다.

복제약의 존재 이유는 원조약보다 낮은 약값이라는 대전제가 국내에서는 통하지 않는다. 외국에서는 약제비(조제약을 비롯한 처방약 값) 절감을 위해 복제약 사용량을 늘리려 하지만, 국내에서는 복제약 사용량을 늘려도 약제비 절감에 전혀 도움이 되지 않는다. 시장 경쟁에 의해 복제약 가격이 낮아지는 경우도 드물다. 전 국민에게 건강보험이 적용되는 국내에서 만성 질환 치료제의 약값은 처방의의 결정에 영향을 미치는 중요한 요인이 아니다. 복제약 제약사에 더할 나위 없이 좋은 시장이다. 특별한 투자나 연구개발 없이 특허 원조약 약값의 절반 이상 가격으로 복제약을 판매할 수 있고, 원조약 제조사 역시 특허 만료 이후에도 절반 이상의 약값을 유지하며 매출을 이어갈 수 있다. 복제약을 만들어 어떻게든 의사의 처방만 이끌어내면 충분한 이익을 거둘 수 있는 상황에서 연구개발에 대규모 투자를 하는 것은 도전이라기보다 무리한 도박에 가깝다. 한때 한미약품의 연구개발비 규모가 화제가 됐지만, 다국적 제약사에 비하면 턱없이 작다.

국내 제약 산업의 민낯을 드러낸 발사르탄 사태가 가져온 긍정적인 변화도 있다. 국정 감사 등에서 복제약 제도 개선 필요성이 이전보다 강하게 제기되면서 정부도 이듬해인 2019년 초에 '복제약 종합 대책'이라는 이름의 제도 개선 방안을 내놓았다. 하지만 복제약 공동 생동 시험 폐지, 일괄적인 약가 인하 같은 강력한 조치는 논의만 이루어진 채 개선안에 담기지 못했다.

관련 부처 간의 불협화음도 드러났다. 식품의약품안전처는 2019년 2월 '복제약 종합 대책' 가운데 허가 제도 개선안을 발표했다. 하나의 생동 시험 결과로 허가 가능한 품목을 3개로 제한한 뒤 이를 단계적으로 폐지하겠다는 내용이었다. 식품의약품안전처가 보건복지부, 건강보험심사평가원 등과의 협의체에 들어 있었지만, 개선안을 주무 부처가 단독으로 발표해 버린 모양새였다. 어찌 보면 허가 제도를 관장하는 식품의약품안전처가 먼저 개선안을 발표하고 보건복지부와 건강보험심사평가원이 약가 인하를 비롯한 국민건강보험 제도 개선안을 발표하는 것이 이상하지 않다.

하지만 국내에서는 복제약 허가와 약값을 따로 통제하기가 어렵다. 보건복지부 관계자들은 당황한 기색이 역력했다. 협의체를 구성해 강력한 제도 개선을 추진하던 '복제약 종합 대책'이 힘을 잃고 말았다. 식품의약품안전처가 공동 생동 시험의 단계적 폐지로 한발 물러서면서 보건복지부 내 담당 부서의 부담만 커졌다. 그간 제약계의 입장을 너무나 친절하게 반영해 온 식품의약품안전처의 결정이라는 푸념도 들려왔다.

협의체의 복제약 종합 대책은 같은 해 3월에 나왔다.[10] 동일 성분은 동일 가격이라는 원칙이 깨졌다. 복제약 위주인 국내 제약 산업의 체질 전환에 대한 기대감을 충족시키지 못했다. 이 대책의 핵심은 복제약 약가 산정 기준의 개편이었다. 자체 생물학적 동등성 시험 실시, 등록된 원료 의약품의 사용 등 두 가지 기준에 대한 충족 여부로 판단해 복제약 등재 전 원조약의 국민건강보험 적용 상한가 대비 산정률을 차등 적용한다는 것이었다. 두 기준을 모두 충족하면 복제약 약값이 기존과 같은 53.55퍼센트로 책정되지만, 두 기준 중 하나를 충족하지 못하면 45.52퍼센트(15퍼센트 인하), 둘 다 충족하지 못하면 38.69퍼센트(추가 15퍼센트 인하)로 책정되는 방식이었다.

국민건강보험 적용 대상으로 등재되는 순서에 따라 21번째 복제약부터는 등재된 최저가 제품의 85퍼센트로 보험 적용 상한가가 책정된다. 이때 최저가 제품의 산정률이 38.69퍼센트보다 높다면 38.69퍼센트가 기준이 된다. 즉 21번째 이후로 등록되는 복제약이 받을 수 있는 최대 산정률은 32.89퍼센트라는 것이다. 만약 복제약 등재 전 원조약의 보험 적용 상한가가 알약 1정당 1,000원이라면 특허 만료 후 1년이 지날 경우 기존 방식에서는 원조약과 복제약 모두 535.5원이 된다. 하지만 개정된 제도 하에서 자체적으로 생동 시험을 하지 않은 복제약의 가격은 455.2원이 되며, 21번째 등록 복제약이 받을 수 있는 약값의 최고치는 328.9원, 22번째 등록 복제약의 약값은 279.6원이 된다.

이 계단식 복제약 가격 인하는 신규 제품의 경우 2020년 7월부터 적용됐으며 이미 등재된 복제약에 대해서는 3년의 유예 기간이 설정됐다. 이미 등재된 복제약은 3년 유예 이후에도 20개 제한이 없다. 제약계는 반발하면서도 안도했다. 일괄적인 복제약 가격 인하가 아니었기 때문이다. 공동 생동 시험의 단계적 폐지도 2020년 4월 대통령 직속 기구인 규제개혁위원회의 권고에 따라 철회됐다.

당시 보건복지부는 복제약 종합 대책의 정책 효과를 기대하면서도 식품의약품안전처의 돌발 발표와 그 내용에 아쉬움을 내비쳤다. 실제로 이 복제약 종합 대책이 나온 이후 수십 종에 달하던 품목 허가가 줄어들긴 했지만, 여전히 10여 종은 출시되고 있다. 줄만 빨리 서면 충분히 기존만큼의 수익을 가져갈 수 있다. 국내 제약사들이 복제약 매출을 신약 개발 투자로 돌리게 할 수 있는 대책은 아니었다. 2024년에 나온 복제약 약가 제도 개편안도 국내 제약사들의 연구개발비 마련에 방해가 될 수 있다는 케케묵은 거짓말을 넘어설 수 있을지 의문이다.

'대동강 물장사'나 다름없는 복제약 장사

해외 시장과 달리 복제약 장사만으로 충분한 이익을 거둘 수 있는 국내 제약 시장의 구조에 대해 알아봤다. 이에 더해 다른 기현상도 눈에 띈다. 처방액이 수백억 원대에 달하는 복제약이 존재한다는 사실이다.

국내에서 최고 처방액을 기록하고 있는 복제약은 대웅바이오의 글리아타민(성분명 콜린 알포세레이트)이다. 글리아타민은 원조약을 도입해 오랫동안 제조하고 판매하던 대웅의 제품이라는 점에서 여타 복제약과 차이가 있다. 콜린 알포세레이트는 국내 제약 산업의 취약점을 설명할 수 있는 대표적인 사례이며, 도입 의약품에 대한 설명과 함께 후술하겠다.

두 번째 처방액을 기록하고 있는 복제약은 삼진제약의 플래리스(성분명 클로피도그렐 황산수소염)이다. 클로피도그렐의 원조약은 다국적 제약사 사노피의 플라빅스(성분명 클로피도그렐 황산염)로, 피가 굳어 혈관을 막는 현상을 예방하는 항혈소판제 계열의 항혈전제이다. 2007년 플라빅스의 특허가 만료되자 120여 종의 복제약이 쏟아져나왔다. 현재 허가된 클로피도그렐 제제 의약품은 160종에 달한다. 특허 만료 후 10여 년이 지났지만, 플라빅스는 연간 1000억 원 이상의 원외처방액을 기록하고 있다. 특허 만료 후 매출의 96퍼센트가 증발한 미국 시장과 대비된다.[11]

특허가 만료되더라도 원조약 매출이 계속 성장하는 것은 국내 시장에서 흔한 일이다. 실제로 사노피는 플라빅스 출시 20주년 행사까지 진행하는 등 특허 만료에도 마케팅을 이어가고 있다. 그런데 플라빅스 복제약 시장에는 다른 이상한 점도 있다. 플라빅스에 견줄 만한 매출을 기록하고 있는 복제약 제품이 있다는 것이다. 삼진제약의 플래리스는 2007년 출시 후 첫 해부터 100억 원 이상의 원외처방액을 기록하더니(유비스트 자료 기준) 2016년 600억 원을 돌파하고 2023년에는 800억 원까지 늘어났다. 현재 플래리스는 97.875밀리그램(mg) 기준 1정당 1,079원으로 플라빅스의 1,083원보다 4원 싸다. 국민건강보험 적용 시 실제 환자 부담금 차이는 1정당 1~2원에 불과하다. 복제약의 존재 이유가 전혀 없다고 봐도 무방하다.

그런데 왜 플래리스는 다른 100여 종의 복제약과 달리 800억 원에 달하는 원외처방액 매출을 올릴 수 있었을까? 삼진제약은 2022년 126억 원의 원외처방액을 기록한 리피토(성분명 아토르바스타틴) 복제약 뉴스타틴-A, 92억 원을 기록한 크레스토(성분명 로수바스타틴) 복제약 뉴스타틴-R, 83억 원을 기록한 아리셉트(성분명 도네페질) 복제약 뉴토인 등 블록버스터라 할 만한 복제약들을 보유하고 있다.

그 비결이 궁금했다. 왜 삼진제약의 복제약은 다른 수십 종의 복제약을 물리치고 높은 매출을 기록할 수 있을까? 오너(사주) 일가인 홍보 담당자에게 해당 내용을 문의한 적이 있다. 건너건너 물었지만 내 질문의 요지는 "복제약 실적만 보면 리베이트를 의심하지 않기 어렵지 않나요?"였다. 답변도 건너건너 왔다. "원료를 국산으로 써서 처방량이 많다"라는 내용이었다. 160종이 경쟁하고 있는 클로피도그렐 시장에서 복제약의 경쟁력이 국산 원료라는 천기누설에 한숨이 나왔다. 차라리 영업력이 뛰어나기 때문이라고 했으면 믿는 시늉이라도 했겠지만, 필시 영업력은 리베이트를 연상시킨다고 생각했을 것이다.

클로피도그렐은 심혈관계 고위험 환자에게 처방하므로 동네 의원에서는 잘 사용하지 않는다. 2022년 유비스트 원외처방액 데이터를 살펴보면 플래리스 매출 701억 원 가운데 병원급에서 나온 것이 622억 원에 달했다. 병원급에서 플라빅스를 사용한다면 이해가 된다. 약값이 같으므로 복제약보다 원조약을 처방하는 것이 당연하다. 따라서 병원급에서의 플래리스 처방은 합리적 의심이 들게 한다. 전국의 병원에서 플래리스만 처방하게 하려면 어떤 방법이 필요할까? 불법적인 방법밖에 떠오르지 않는다.

국내 제약 산업에서 매출에 의문이 드는 복제약이 플래리스만 있는 게 아니다. 100억 원 이상의 원외처방을 기록하는 복제약이 수십 종에 달한다. 소규모 매출만으로도 크게 남는 복제약 시장에서 연구개발비 없이 수백억 원의 매출을 올릴 수 있다면 이보다 달달한 돈벌이가 있을까?

그런데 국내 제약사들은 더 달달한 돈벌이를 만들어냈다. 복제약 판매상이라는 오명에서 가볍게 벗어나면서 역시나 연구개발비 없이 매출까지 늘리는 방법이다. 바로 개량 신약 또는 복합 신약 제조이다.

대표적인 제약사가 한미약품이다. 한미약품은 매년 '자체 개발 의약품'을 앞세워 원외처방액 1위를 기록했다는 보도 자료를 배포한다.[12] 자체 개발 의약품이라는 말은 자칫 신약으로 오인될 수 있다.

한미약품이 자랑하는 '자체 개발 의약품'을 살펴보자. 한미약품에서 가장 많은 원외처방액을 기록하고 있는 의약품은 '로수젯'이다. 로수젯은 이상지질혈증 치료에 사용되는 로수바스타틴과 에제티미브를 섞은 복합 제제 복제약으로 2015년 출시됐다. 신약이 아니라 복제약이다. 건강과 생명을 좌우하는 약물임을 고려하면 개량 신약이나 복합 신약 같은 말은 절대 사용해서는 안 된다. 복합 제제 복제약 또는 복제약 복합제가 정확한 명칭이다.

로수바스타틴은 프라바스타틴, 심바스타틴, 로바스타틴, 피타바스타틴, 플루바스타틴, 아토르바스타틴 등과 더불어 이상지질혈증에 널리 사용되는 스타틴의 일종이다. 로수바스타틴의 원조약은 다국적 제약사 아스트라제네카의 크레스토이다. 크레스토의 특허 만료는 2014년에 이루어졌다. 즉 로수바스타틴은 특허 만료 후 한미약품이 베낀 복제약 성분일 뿐이며, 자체 개발한 성분이 아니다.

그렇다면 에제티미브는 한미약품이 개발한 성분일까? 그렇지 않다. 에제티미브는 다국적 제약사 MSD가 개발한 이지드롤의 성분이다. 이지트롤은 2016년에 특허가 만료됐다. 한미약품의 로수젯은 어떻게 이지트롤의 특허가 만료되기 7개월 전에 국내 시장에 출시될 수 있었을까? 그것은 한미약품이 이지트롤의 판권을 MSD로부터 미리 들여와 다른 제약사보다 복제약을 먼저 출시하는 자칭 '묘수'를 뒀기 때문이다. 이것이 바로 한미약품이 말하는 '자체 개발 의약품'이다. 신약 개발의 선두주자가 아니라 복제약 장사의 선두주자이다.

로수젯은 출시 1년 만에 200억 원의 원외처방액을 돌파한 뒤 2022년에는 유비스트 기준으로 1403억 원이라는 천문학적 원외처방액을 기록했다. 현재 로수바스타틴/에제티미브 복합제로 등록된 복제약은 무려 202종에 달한다.

로수젯뿐만이 아니다. 한미약품의 프로톤 펌프 억제제(Proton Pump Inhibitor, PPI) 계열 위식도 역류 질환 치료제 에소메졸(성분명 에소메프라졸 마그네슘 삼수화물)은 2022년에만 546억 원의 원외처방액을 기록했다. 한미약품은 에소메졸도 '자체 개발 의약품'이라고 홍보하고 있다. 에소메졸의 성분인 에소메프라졸은 아스트라제네카의 글로벌 블록버스터인 넥시움의 성분이다. 한미약품은 2014년 넥시움의 특허가 만료되기 전에 넥시움의 염을 변경해 물질특허를 회피하는 방식으로 복제약을 출시했다.

2019년 대법원은 원조약과 유효 성분, 약효, 용도가 동일하다면 염 변경만으로 물질특허를 회피할 수 없다는 결론을 내렸다. 하지만 한미약품은 염 변경으로 만든 넥시움 복제약으로 시장을 선점했다. 대법원이 "기술 분야에서 통상의 지식을 가진 사람이라면 쉽게 이(염)를 선택할 수 있는 정도에 불과"하다고 판시한 방식으로 손쉽게 복제약을 만들고도 어떻게 '자체 개발 의약품'이라고 내세울 수 있을까?

한미약품이 자랑하는 고혈압 치료제 '아모잘탄'은 단순 복제약인 로수젯이나 에소메졸보다는 낫다. 아모잘탄은 MSD가 1996년 허가받은 코자의 성분인 로사르탄과, 화이자가 1990년 허가받은 노바스크의 성분인 암로디핀을 섞은 복합제이다. 다만 한미약품은 두 성분의 배합 비율을 변경해 개량 신약 지위를 얻었다. 2008년 개량 신약 정책 시행 이후 첫 사례가 바로 아모잘탄이다. 아모잘탄의 허가 근거 자료를 살펴보면 '유효 성분의 새로운 조성 또는 함량의 증감'을 통해 개량 신약으로 인정받았다고 명시돼 있다. 배합 비율이 바뀌었으니 임상시험도 다시 했다.

아모잘탄의 개량 신약 지위는 한미약품에 수천억 원의 매출을 가져다줬다. 연간 매출 800억 원이 넘는 아모잘탄에다 아모잘탄 플러스, 아모잘탄 큐, 아모잘탄 엑스큐 등의 추가 복합제까지 총 1500억 원에 달하는 매출이 나오고 있다. 그렇다면 성분 배합 비율을 바꿔 임상시험을 다시 한 정도로 연간 1500억 원에 달하는 아모잘탄 관련 복합제 매출을 거두는 일이 해외에서도 가능할까? 한미약품은 해외에서도 특허를 취득했다고 홍보하지만, 특정 국가를 제외하면 매출이 발생하지는 않고 있다. 각국에 대체 가능한 복제약이 즐비한 만큼 가격을 낮추지 않는다면 아모잘탄을 사용할 이유가 없기 때문이다.

국내에서는 복합 제제나 염 변경, 배합 비율 조정을 이용해 소위 개량 신약을 만들고 '자체 개발 의약품'이라는 라벨만 붙여주면 매출 자판기가 된다. 우리나라 제약 시장에서는 이것이 언제나 통한다. 굳이 신약 개발이라는 리스크를 무릅쓸 이유가 없다. 간단한 조작만 하면 개량 신약으로 특허까지 인정해주는 정책 덕분에 특허 만료 신약의 약가 인하까지 막아내고 있다.

이는 한미약품만의 문제가 아니다. '자체 개발 의약품'이라는 홍보의 강도는 다르지만, 국내 유수의 제약사들이 개량 신약을 표방한 복제약 복합제로 엄청난 매출을 올리고 있다. 유한양행의 로수바미브를 비롯해 종근당의 텔미누보, 한국유나이티드제약의 실로스탄CR, 유한양행의 아토르바, HK이노엔의 로바젯 등은 연간 300억 원 이상의 매출을 기록하고 있다.[13]

놀랍고도 당연한 점은 다국적 제약사도 국내 시장에서는 복제약 복합제를 만들어 판다는 사실이다. MSD는 아토르바스타틴과 에제티미브를 섞은 아토젯을 판매하고 있다. 복제약 가격이 현저히 낮아 복합제의 타산이 맞지 않는 해외 시장과 차이가 있다. 국내 시장에서는 만성 질환 관련 복합제의 수익률이 양호하다는 의미다.

제약사들의 '대동강 물장사'는 계속되고 있다. 아니, 점점 더 커지고 있다. 국민들은 가짜 대동강 물까지 비싸게 사 먹고 있다.

신약 아닌 개량 신약

이미 거듭 언급한 것처럼, 2019년 1월 대법원이 염 변경만으로 특허를 회피할 수 없다고 판결한 것을 두고 국내 제약사들은 충격을 금치 못하며 한목소리로 반발했다. 연장된 특허권의 효력은 품목 허가 대상 의약품에만 적용되고 염을 변경하면 물질이 달라진다고 한 2017년 특허법원의 판단이 뒤집혔기 때문이다. 한국제약바이오협회는 대법원의 판단이 국내 제약사들의 연구개발 동력을 약화하고 수출의 발목을 잡는다는 논평을 냈다.

이후 이 논리 그대로 제약계의 여러 입장이 우후죽순 나왔다. 하급 재판에 영향을 주는 대법원의 판단에 따라 염 변경으로 물질특허를 회피하는 방법이 사라졌으니 아쉬울 수밖에 없다. 하지만 그들의 논리는 너무나 빈약했다. 염 변경으로 물질특허를 회피할 수 있는 정상적인 국가는 우리나라밖에 없기 때문이다.

두 달 뒤인 3월에는 국회에서 토론회도 열렸다. 한국제약바이오협회와 국내 제약사 특허 담당자 모임인 제약특허연구회가 주최한 회의였다. 제목부터 목적이 뚜렷했다.

"개량 신약과 특허 도전, 이대로 좋은가?"

발제는 제약계 입장을 친절하게 대변하는 변호사가 맡았다. 그 변호사는 대법원 판례가 하급 재판에 미치는 영향에 대해 "개별 사안에 따라 결론은 달라질 수 있다. 염 변경이 선택적, 발명적 가치가 충분하고 원조약보다 나은 효과를 낸다면 특허 침해에 해당하지 않는다"고 발언했다.

한국제약바이오협회 상무는 "염 변경 제품이 특허를 침해한다면 앞으로 국내 제약사의 개량 신약 연구개발이 줄어들 수 있다. 해외 복제약 시장에서 국산 복제약이 가질 수 있는 경쟁력은 개량 신약 제품과 같은 차별화뿐"이라고 주장했다.

결론이 개별 사안에 따라 달라질 수 있다는 변호사의 발언은 지극히 고객 접대용 멘트여서 그러려니 했다. 그런데 염 변경 제품의 물질특허 침해가 연구개발이나 수출에 악영향을 준다는 주장은 받아들이기 어려웠다. 토론회가 끝난 후 한국제약바이오협회 상무를 찾아갔다. 우선 염 변경 의약품을 개발하는 비용과 일반 복제약을 개발하는 비용의 차이를 물었다. 돌아온 답은 "어느 정도 더 들어가는지는 알 수 없으나 아무튼 많이 든다" 정도였다. 별도의 임상시험을 진행할 필요도 없는데 어디에 비용이 더 들어가는지 설명하지 못했다. 염 변경을 할 때 들어가는 비용조차 정확히 알지 못하면서 대법원 판결이 개량 신약 연구개발을 위축시킨다고 하니 어이가 없었다.

염 변경으로 물질특허를 회피한 사례가 외국에도 있는지 물었다. 이에 대해 그는 "파악하진 않았지만, 가능할 수 있다고 생각한다"고 답했다. 토론회에서 염 변경이 물질특허를 회피할 수 있다고 주장하려면 최소한 해외의 관련 사례 정도는 미리 파악해야 하지 않을까? 만약 파악하고도 가능하다는 답을 했다면 거짓말일 것이고, 파악하지 않았다면 무책임한 노릇이다.

발제를 맡은 변호사가 주장한, 개별 사안에 따라 다른 결론은 나타나지 않았다. 같은 해 8월 특허법원은 베링거인겔하임이 개발한 항응고제 프라닥사(성분명 다비가트란)의 연장된 물질특허 권리 범위가 염을 변경하더라도 적용된다는 결론을 내렸다.[14] 앞선 베시케어 소송에서의 대법원 판단과 궤를 같이하는 '염 변경 제품은 개발이 쉽고 원조약과 약효 차이가 없다'라는 판단이었다.

시장 규모가 커 주목받았던 화이자의 금연 치료제 챔픽스(성분명 바레니클린)에 관한 특허 소송에서도 같은 해 12월 특허법원은 같은 결론을 선고했다.[15] 해당 소송에 연루된 업체는 한미약품, 대웅제약, 종근당, 일동제약, 제일약품 같은 매출 상위권 제약사를 포함한 21개에 달했다.

염 변경 제품이 원조약과 약효에서 차이를 낸다면 물질특허를 회피할 수 있지 않겠느냐는 생각이 들 수 있다. 염 변경 제품이 원조약과 차이가 있다는 것을 증명하려면 별도의 임상시험이 필요하다. 하지만 국내 제약사들은 별도의 임상시험을 수행할 역량이 없거니와 입증 가능성이 매우 떨어지는 연구에 투자할 의향도 없다. 염 변경 제품과 원조약의 약효 차이 입증은 현재로선 불가능하다는 이야기다.

그런데 국내 제약사들은 비록 염 변경 개량 신약을 사수하는 데에는 실패했지만 개량 신약 판매로 거두어들이는 수익을 지키는 데에는 성공했다. 그야말로 사력과 역량을 총동원해 이익 집단의 본질을 지켜냈다.

국내 제약 시장은 가격 탄력성이 낮아서 약값은 처방이나 판매에 영향을 미치는 중요한 요소가 아니다. 국내 제약사들이 파는 복제약이나 개량 신약이 대부분 그러하다. 그래서 제약사들은 국민건강보험이 적용되는 약값을 최대한 높게 받으려고 한다.

2019년 7월 정부는 2020년 7월에 시행할 예정인 복제약 약가 제도 개편안을 행정 예고했다.[16] 기존 제도에서는 일정 요건을 갖출 경우 약값 우대 기간의 제한이 없었다. 영원히 약값을 우대받을 수 있는 허점이 극명한 제도였다. 이를 1년 후 동일 성분 의약품 제약사가 3개 이하면 최대 2년까지 유지하고, 약제급여평가위원회 심의를 통과하면 추가로 2년까지 연장할 수 있게 제도를 바꾸고자 했다. 약값 우대 기간을 최대 5년으로 제한하는 것이었다. 이를 복제약과 개량 신약에 똑같이 적용하겠다는 게 정부의 의지였다.

그러자 난리가 났다. 국내 제약사들이 들고일어났다. 화수분처럼 영원하던 약값 우대 기간을 제한한다고 하니 국내 제약사들이 똘똘 뭉쳐 반발하기 시작했다. 복제약을 포함하기에 논리가 부족했는지 개량 신약에만 집중하는 모습을 보였다. 그들의 논리는 이러했다. 복합제를 비롯한 개량 신약은 특허를 보유하고 있기에 약값 우대 기간이 영원해야 하며, 현재 약값이 낮아 후속 연구개발에 대한 투자는커녕 개량 신약 연구개발비 회수도 어려운 상황이라고 했다.

국내 제약사들은 국회, 언론, 학회, 단체 등을 통해 폭넓게 이 주장을 펼쳤다. 신약 연구개발 역량이 부족한 국내 제약사들이 그 초석을 다지는 중간 단계가 개량 신약이라고 했다. 신약보다 개발 성공률이 높고 개발비가 적게 들고 개발 기간이 짧아 해외에서도 중점적으로 키우고 있는 비즈니스 모델이라고 했다. 아울러 개량 신약을 복제약 취급을 해서는 안 된다고 했다.

과연 그럴까? 개량 신약에 대한 약값 우대 기간을 제한하면 국내 제약 산업의 신약 연구개발 역량이 떨어지고 해외 진출에도 악영향이 미칠까? 국내 제약 산업 육성의 핵심이 개량 신약인데 약값을 우대하지 않으면 문제가 생긴다는 주장이 일견 합리적으로 보일 수 있다. 하지만 해외 시장과의 비교, 국내 제약 산업에서 개량 신약이 차지하는 역할, 국내 제약사들의 수익 구조 등을 살펴보면 이야기가 달라진다.

다국적 제약사는 복합제 개발에 적극적이지 않다. 국내 제약사들의 주장에 따르면 해외에서도 중점적으로 키우고 있는 비즈니스 모델이라는데 왜 적극적이지 않을까? 이유는 분명하다. 생산 단가가 맞지 않는다. 특허가 만료된 성분을 합쳐봐야 생산 단가만 높아질 뿐이다. 개발하는 데 들어가는 비용은 없다고 보아도 무방하다. 소규모 제약사도 손쉽게 만들 수 있는 수준이다. 더구나 다국적 제약사는 만성 질환 치료제처럼 판매 가격이 낮은 기존 화학 의약품에 대한 투자를 줄이고 있다. 요컨대 개량 신약은 주목할 만한 비즈니스 모델이 아니다.

게다가 국내 제약 시장에서 복제약에 대한 대우는 아주 높은 편이다. 연구개발 없이 거저 만들어 팔 수 있는 데다 판매 가격은 원조약에 준한다. 외국과 달리 국내에서는 '복제약 취급'이 결코 폄훼가 아니다. 미국이나 유럽 같은 빅 마켓에서처럼 특허 만료 후 출시되는 복제약의 가격이 원조약의 10분의 1 수준이라면, 개량 신약을 '복제약 취급'한다는 말이 폄훼일 수 있으나 국내에서는 그렇지 않다.

당시 이런 상황들에 관한 기사와 사설을 보도했지만 '계란으로 바위 치기(以卵擊石)'라는 말만 실감했다. 당국은 거의 국내 제약사들만 판매하는 개량 신약의 가격을 높게 책정하면 통상 마찰이 발생할 우려가 있다고도 했지만 소용없었다. 국회, 언론, 학회, 단체 등은 국내 제약사의 입장만 대변했다.

결국 국내 제약사들이 승리했다. 2020년 1월 정부는 약가 개편안을 재행정 예고했다.[17] 개량 신약의 약값 우대 기간 제한이 사라졌다. 투여 경로, 성분, 제형이 동일한 복제약이 출시될 때까지 개량 신약의 약값 우대 기간이 영원히 지속되는 것으로 마무리됐다. 개량 신약에 대한 제도 개량이 이루어지지 못했다.

'도입 의약품' 판매 대행에 진흙탕 싸움

복제약과 개량 신약 외에 국내 제약사들의 주요 수입원으로 소위 '상품 매출'이 있다. 상품(도입 의약품) 매출은 자사가 만든 의약품으로 거두는 매출이 아니다. 다국적 제약사의 의약품을 국내 제약사가 대신 판매하는 일종의 유통 대행이다. 일부 중대형 제약사의 상품 매출은 전체 매출의 절반 이상이나 차지한다. 국내 제약사는 다국적 제약사의 의약품에 수수료를 붙여 판매한다. 국내 타 제약사의 의약품을 유통하는 경우도 있지만, 대부분은 다국적 제약사의 의약품을 취급한다.

상품 매출은 수익성이 매우 낮지만 상관없다. 상품에 대한 아무런 투자 없이 기존 물류, 유통망으로 거둘 수 있는 수익이기 때문이다. 인건비나 보관비 등은 도입 의약품을 판매하지 않아도 드는 비용이다. 순이익은 낮아도 연 매출 규모에 광을 낼 수 있다.

유한양행은 상품 매출 비중이 높은 대표적인 제약사이다. 2013년 동아제약의 분사(동아ST/동아제약) 이후 셀트리온, 삼성바이오로직스 같은 바이오시밀러 업체가 본격적으로 매출을 올린 2020년까지 유한양행은 국내 제약사 가운데 가장 높은 매출액을 기록했다. 2014년에 업계 최초로 연 매출 1조 원을 돌파했고 2024년에는 역시 최초로 2조 원을 넘어섰다.

그런데 유한양행 사업 보고서에 따른 2023년 매출액은 1조 8590억 원이었지만 같은 해 영업 이익은 568억 원에 불과했다. 2022년 대비 58퍼센트나 증가한 규모인데 그러했다. 렉라자(성분명 레이저티닙) 등에 대한 연구개발 투자에 따른 영업 이익 하락이라고 주장할 수 있으나, 유한양행의 영업 이익률은 렉라자 이전부터 낮았다. 이것은 상품 매출 비중으로 설명할 수 있다. 2023년 유한양행의 상품 매출 비중은 전체 매출 가운데 54.5퍼센트에 달했다. 그나마 60퍼센트를 웃돌았던 2010년대 초반보다 소폭 감소했다.

2023년 유한양행은 나국적 세약사 베링거인겔하임의 당뇨병 치료제 트라젠타(성분명 리나그립틴)와 자디앙(성분명 엠파글리플로진)으로 각각 984억 원과 845억 원, 고혈압 복합제 트윈스타(성분명 텔미사르탄/암로디핀)로 816억의 매출을 올렸다. 다국적 제약사 길리어드사이언스에서 들여온 B형 간염 치료제 비리어드(성분명 테노포비르 디소프록실)와 베믈리디(성분명 테노포비르 알라페나미드)는 각각 753억 원과 559억, HIV 치료제 빅타비(성분명 빅테그라비르/엠트리시타빈/테노포비르알라페나미드)는 633억 원, 진균 감염 치료제 암비솜(성분명 암포테리신B)은 302억 원의 매출을 거두었다. 여기에 다국적 제약사 노바티스의 혈액암 치료제 글리벡(성분명 이매티닙)을 판매해서 534억 원의 매출을 더했다. 베링거인겔하임과 길리어드사이언스의 의약품을 들여와 거둔 상품 매출만 4900억 원에 육박했다. 이 매출에서 유한양행이 가져간 수익은 판매 대행 수수료에 불과하다.

이는 유한양행만의 문제가 아니다. 같은 해 중대형 제약사 가운데 매출 규모 2위인 종근당의 상품 매출 비중은 42.6퍼센트, 3위인 녹십자는 35.7퍼센트였다. 다국적 제약사 화이자의 의약품을 오랫동안 팔아온 제일약품의 2023년 상품 매출 비중은 74.3퍼센트에 달했다. 국내 제약사들의 연 매출에서 상품 매출이 차지하는 비중이 높다 보니 도입 의약품 하나에 회사의 사활이 걸리기도 한다. 대표적인 예로 뇌 기능 개선제 성분으로 알려진 콜린 알포세레이트를 들 수 있다.

콜린 알포세레이트는 이탈리아 제약사 이탈파마코가 개발한 상품인 글리아티린의 성분이다. 정부가 해외 약값을 참조하는 국가들인 A7 가운데 콜린 알포세레이트를 전문의약품으로 취급하는 국가는 이탈리아뿐이다. 미국, 영국, 프랑스, 독일, 스위스, 일본에서는 건강 기능 식품으로 취급한다. 건강 기능 식품이라는 것은 의약품으로 취급될 만한 유효성이 입증되지 못했고 영양제처럼 인체에 미치는 영향이 적다는 것을 의미한다. 의약품이라고 부를 수 없는 상품임에도 국내에서는 엄청난 규모의 전문의약품 처방이 이루어지고 있다. 마땅한 치료제가 없는 경도 인지 장애나 치매에 대한 처방에 국민건강보험이 적용돼 영양제로 팔려나간다.

콜린 알포세레이트의 유효성이 입증된 연구는 치매 치료제인 도네페질과의 병용요법뿐이다. 하지만 국내에서 콜린 알포세레이트와 도네페질의 처방 규모는 연관성이 보이지 않는다. 도네페질 없이 콜린 알포세레이트가 영양제처럼 처방되고 있음을 의미한다.

대웅제약은 2000년 이탈파마코로부터 글리아티린의 국내 판권을 사들여 판매를 시작했다. 2015년만 해도 연간 처방액이 600억 원 수준이었다. 그런데 2016년 이탈파마코가 글리아티린의 국내 판권을 종근당으로 넘기면서 문제가 발생했다. 대웅제약으로서는 연간 600억 원 이상의 매출이 한순간에 날아가버릴 위기였다. 대웅제약은 자회사 대웅바이오의 글리아티린 복제약인 글리아타민을 주력 제품으로 내세워 시장 공략에 나섰다.

대웅제약과 종근당 간의 진흙탕 싸움이 시작됐다. 첫 싸움은 대조약 논란이었다. 식품의약품안전처는 2016년 품목 허가가 취소된 대웅제약의 글리아티린 대신 종근당의 글리아티린을 콜린 알포세레이트 성분 대조약으로 선정했다. 대조약은 복제약 개발을 위한 생동(생물학적 동등성) 시험에서 약효 비교 기준이 되는 원조약을 의미한다.

대웅제약은 10여 년간 원조약 개발사의 기술 전수로 생산해왔기 때문에 자사의 콜린 알포세레이트가 대조약 지위를 가져야 한다고 주장했다. 종근당이 생산하는 콜린 알포세레이트는 기존 복제약인 알포코와 품목 코드, 보험 약가 코드가 동일하므로 글리아티린이라는 상표가 붙더라도 원조약 품목이 될 수 없다고도 했다.

식품의약품안전처가 입장을 바꾸지 않자 대웅제약은 행정심판을 청구했다. 중앙행정심판위원회는 대웅제약의 주장을 받아들이면서 대조약 변경 공고 취소 재결을 결정했다.[18] 그러자 종근당은 재결 취소를 청구하는 행정 소송을 제기했고 행정법원은 종근당의 손을 들어줬다.[19] 항소심에서도 재판부는 "더 이상 소를 유지할 이익이나 사유가 없다"고 판단했다.[20] 대웅제약의 글리아티린이 더 이상 존재하지 않는데 의미 없는 싸움을 벌이고 있다는 의미였다.

다음 싸움은 상표권 분쟁이었다. 원조약 개발사인 이탈파마코는 2016년 대웅바이오의 글리아타민이라는 상표명이 자사의 글리아티린과 유사해 혼란을 일으킬 수 있다며 상표권 무효심판을 제기했다. 특허청 특허심판원은 이를 기각했다. 이탈파마코는 항소했다. 항소심에서 특허법원은 상표명의 유사성을 인정해 이탈파마코의 손을 들어줬다. 하지만 대웅제약은 대법원까지 소송을 끌고 갔고 결국 글리아타민 상표권을 유지할 수 있었다.[21] 이탈파마코가 파기 환송된 사건에 대해 다시 대법원에 상고했지만 기각됐다. 대법원에서 최종적으로 기각된 2019년까지 소송은 3년 가까이 진행됐다. 해외에서 건강 기능 식품으로 팔리는 영양제를 국내에서 전문의약품으로 팔아 막대한 매출을 올릴 수 있다 보니 대웅제약과 종근당이 치열한 밥그릇 싸움을 벌였다.

결과적으로 대웅제약과 종근당은 둘 다 승리했다. 불법적 수단이 동원됐는지 알 수 없으나 국내 최고의 영업력을 자랑하는 두 제약사가 발군의 역량을 발휘한 결과, 콜린 알포세레이트 시장 전체의 성장이라는 황당한 성과가 나왔다. 대웅바이오의 글리아타민은 2022년 연 매출 1061억 원을 기록하며 정점을 찍었고, 종근당의 글리아티린은 2023년 873억 원의 매출을 올렸다. 2015년 대웅제약의 글리아티린 연 매출이 600억 원이었음을 감안하면 3배 수준으로 성장했다.

2019년 콜린 알포세레이트가 보건복지부 건강보험정책심의위원회의 '기등재 의약품 상한 금액(기준 요건) 재평가'의 첫 대상이 되며 위기가 맞았지만, 대웅제약과 종근당이 합심해 치명상을 입지는 않았다. 여전히 글리아타민과 글리아티린은 국내에서 열 손가락 안에 드는 원외처방액을 기록하는 전문의약품이다(유비스트 자료 기준).

다국적 제약사로서는 국내 제약사와 손을 잡지 않을 이유가 없다. 다국적 제약사는 적절한 가격에 국내 제약사에 의약품만 넘기면 영업에서 발생하는 법적 책임에서 벗어날 수 있다. 본사의 엄격한 공정 거래 자율 준수 프로그램(CP)에 구애받지 않고 안정적인 판매고를 올릴 수 있다.

그런 덕분(?)에 다국적 제약사 아스트라제네카의 당뇨병 치료제 포시가(성분명 다파글리플로진)와 다이이찌산쿄의 항응고제 릭시아나(성분명 에독사반)는 한국 시장에서 세계 시장의 구도를 깼다. SGLT-2(Sodium-Glucose Cotransporter-2) 억제제 계열의 당뇨병 치료제인 포시가는 세계 시장에서 베링거인겔하임의 자디앙(성분명 엠파글리플로진)에 밀려 2위지만, 국내에서는 자디앙을 앞서고 있다. 릭시아나는 세계 시장에서 바이엘의 자렐토(성분명 리바록사반)나 화이자·BMS의 엘리퀴스(성분명 아픽사반)에 비해 존재감이 미미하지만, 국내에서는 독보적 1위를 차지하고 있다. 포시가와 릭시아나 모두 대웅제약이 판매하는 도입 의약품이다.

그런데 영업 부담 없이 수익을 올릴 수 있는 다국적 제약사와 투자 없이 매출을 늘릴 수 있는 국내 제약사가 윈윈(win-win)

하는 구조가 국내 제약 산업의 발전에 과연 도움이 될까?

국산 신약 37호?

국내 제약사들은 소위 개량 신약을 포함한 복제약이나 만들어 팔면서 다국적 제약사의 판매 대행까지 하고 있다고 주장하면 혹자는 동의하지 않을 수 있다. 국내 제약사들이 연구개발 역량을 동원해서 만들어낸 국산 신약 37개(2024년 상반기 기준)를 내세우면서 말이다.

그렇다면 국산 신약을 자세히 살펴보자. 국산 신약 1호는 1999년에 품목 허가를 받은 SK케미칼의 위암 치료제 선플라(성분명 헵타플라틴)이다. 선플라는 1990년에 개발이 시작돼 10년 만에 빛을 본 백금 기반 화학 항암제이다. 1970년대에 개발된 1세대 백금 기반 화학 항암제 시스플라틴에 비해 독성이 적고 1980년대에 개발된 2세대 백금 기반 화학 항암제 카보플라틴에 비해 효과가 뛰어나다는 임상 결과가 허가의 기반이 됐다.

하지만 선플라를 이용한 치료는 현재 불가능하다. SK케미칼은 2009년 선플라의 생산을 중단했고, 품목 허가 갱신 유효기간 만료로 2023년에 허가가 취소됐다. 2009년 생산 중단 시점까지 누적 매출액이 100억 원이 채 되지 않았으며 시장에서 외면받았다. 그래도 선플라는 국산 신약 개발의 포문을 열었다는 점에서 의미가 컸다.

선플라 허가 이후 2001년에는 대웅제약의 당뇨성 족부궤양 치료제 이지에프 외용액(재조합 인간 상피세포 성장 인자), 동화약품의 간암 치료제 밀리칸(방사능 물질), JW중외제약의 항생제 큐록신(성분명 발로플록사신)이 잇따라 허가되며 본격적인 국산 신약 개발에 대한 기대를 높였다. 이후 거의 매해 국내 제약사들은 신약 품목 허가를 취득했다.[22]

선플라가 허가된 1999년부터 온코닉테라퓨틱스의 위식도 역류 질환 치료제 자큐보(성분명 자스타프라잔)가 허가된 2024년 4월까지 25년간 국산 신약 목록에 이름을 올린 품목은 37개에 달한다. 단순히 양으로만 보면 적은 숫자가 아니다. 다만 국내 제약계가 강조하는 글로벌 혁신신약과는 거리가 있다. 대다수는 국내 시장에서조차 안착하지 못했고, 국내 시장에 자리잡은 제품도 해외에서는 경쟁력을 확보하지 못했다. 즉 새로운 치료제 계열의 최초 약물인 퍼스트 인 클래스(First In Class, 혁신신약)나 해당 계열 내 최고의 약물인 베스트 인 클래스(Best In Class)는 없었다.

신약을 개발했다는 국내 제약사는 성과를 멋지게 포장하고 싶겠지만, 안타깝게도 대체 가능한 선발 제품이 즐비한 경우가 대부분이다. 대표적인 예가 보령의 카나브(성분명 피마사르탄)이다. 카나브는 안지오텐신 수용체 차단제(Angiotensin Receptor Blocker, ARB) 계열의 고혈압 치료제로 2010년에 품목 허가를 취득한 국산 신약 15호이다. 출시 첫해인 2011년부터 연 매출 100억 원을 돌파한 카나브는 국내 고혈압 치료제 시장에서 당당히 자리 잡았다. 이후 보령은 카나브의 피마사르탄 성분을 이용한 복합제 7종을 시장에 내놓으며 연간 300억 원 이상의 매출을 올리고 있다(유비스트 자료 기준).

국내 제약사가 자체 신약으로 유의미한 매출을 올린 첫 사례이다. 보령은 카나브 제품군이 국내 시장을 넘어 해외 시장에서도 충분히 통할 수 있다고 홍보하고 있다. 과연 그럴까? 카나브가 국내 시장에 나온 2010년 안지오텐신 수용체 차단제 계열의 고혈압 치료제 시장을 살펴보자. 안지오텐신 수용체 차단제 계열의 퍼스트 인 클래스는 다국적 제약사 MSD가 개발한 코자(성분명 로사르탄)이다. 코자의 국내 허가 시기는 카나브의 2010년보다 13년 앞선 1997년이다. 미국 허가 시기는 1995년으로 더 빠르다.

코자는 국내 시장에서 2008년에 특허까지 만료됐다. 코자의 복제약 수십 종이 나와 있는 상태에서 카나브가 '신약'으로 출시됐다. 국내에서는 복제약과 원조약의 약값 차이가 없는 데다 보령의 영업력까지 발휘되니 카나브에도 기회가 왔다. 하지만 카나브가 해외 시장에서 통할 가능성은 당시나 지금이나 매우 낮다. 보령은 카나브가 기존 안지오텐신 수용체 차단제들에 비해 강점이 있다고 주장했지만, 직접 비교 임상시험의 결과도 아닌 단순한 주장에 근거해 값싼 코자 복제약 대신 카나브가 선택될 가능성은 없다고 봐야 한다.

안지오텐신 수용체 차단제 계열에 코자의 로사르탄 성분만 있던 것도 아니다. 노바티스의 디오반(성분명 발사르탄)은 1996년 미국, 2001년 국내의 허가를 취득했고, 카나브가 출시된 다음 해인 2012년에 특허가 만료돼 복제약이 국내외에 나왔다. 거기에 사노피의 아프로벨(성분명 이르베사르탄)과 아스트라제네카의 아타칸(성분명 칸데사르탄)이 1997년 미국과 유럽에서 허가된 이후 1999년 국내에서도 판매가 시작됐다. 두 제품은 보령이 카나브를 출시한 2011년에 특허가 만료됐다. 그뿐만이 아니다. 미국에서 1998년에 허가된 베링거인겔하임의 미카르디스(성분명 텔미사르탄), 2002년에 허가된 다이이찌산쿄의 올메텍(성분명 올메사르탄)도 각각 2000년과 2004년에 국내 허가를 취득한 후 2013년 특허 만료를 앞두고 있었다. 즉 특허가 만료됐거나 만료를 앞둔 글로벌 블록버스터가 즐비한 상황이었다. 보령의 마케팅과 영업은 국내에서나 통할 뿐이었다.

그런데 분위기가 이상하게 흘러갔다. 카나브가 당장이라도 해외에서 판매 성과를 낼 수 있다는 식의 보도가 이어졌다. 심지어 훌륭한 신약인 카나브의 해외 진출이 국내의 낮은 약값 때문에 난항을 겪고 있다는 주장까지 나왔다. 2017년 국회에서 열린 제약 산업 정책 토론회에서 그런 황당한 주장이 공공연히 제기됐다. 패널로 참석한 약학대학 교수는 "신약에 대한 약가 통제는 기업의 투자 의지를 떨어트릴 뿐 아니라 국내 제약사가 해외로 진출할 때 낮은 가격 때문에 글로벌 경쟁력을 상실하게 만들 수 있다"고 주장했다. 해외 진출 시 국내 약값을 기준으로 현지 약값을 인정받는다는 말이었다. 역시 패널로 나온 당시 보령 사장은 "이미 허가된 국산 신약도 글로벌 진출을 위한 임상시험 등 추가 투자 비용 등을 고려해 가치 재평가로 약가를 다시 산정하는 방안이 필요하다"고 발언하기도 했다. 모든 패널이 카나브를 포함한 국산 신약의 가격을 올려야 해외 진출이 가능하고 투자 의지도 높일 수 있다고 입을 모았다.

이미 같은 계열의 복제약이 즐비한 상황에서 국내 약값을 올린다고 외국의 당국이 약값을 높게 인정해줄까? 설령 그렇다 하더라도 비싼 카나브를 저렴한 원조약인 로사르탄, 발사르탄, 칸데사르탄 대신 선택할 의사나 병원 혹은 보험사가 있을까? 결국 그런 주장은 대체 가능한 복제약이 많긴 하지만 국산 신약을 우대해 약값을 올려달라는, 다시 말해 국내에서 더 벌고 싶다는, 이른바 '생떼'에 가깝다.

국내 시장에서 성공하여 국산 신약을 대표하는 LG생명과학의 제미글로(성분명 제미글립틴) 또한 대체 가능한 동일 계열 약물이 즐비한 상황에서 출시됐다. 제미글로는 가장 널리 쓰이는 DPP-4 억제제 계열의 당뇨병 치료제로 2012년 국산 신약 19호로 허가를 취득했다. 당시 DPP-4 억제제 시장에는 MSD의 자누비아(성분명 시타글립틴), 노바티스의 가브스(성분명 빌다글립틴), 아스트라제네카의 온글라이자(성분명 삭사글립틴), 베링거인겔하임의 트라젠타(성분명 리나글립틴) 등이 나와 있었다.

출시 당시 안지오텐신 수용체 차단제 계열의 고혈압 치료제처럼 특허가 만료된 동일 계열 제품은 없었지만 제미글로는 해당 계열의 새로운 대체품일 뿐 베스트 인 클래스가 아니었다. 해외 DPP-4 억제제 시장에서 경쟁력을 기대하기 어려운 상황이었다. 국내에서 연 매출이 1500억 원에 달하는 제미글로와 제미글립틴 복합제의 해외 시장 장악력은 없다고 봐도 무방하다. 최근에는 기존 DPP-4 억제제들의 국내외 특허까지 만료돼 복제약이 출시됨으로써 국내용이라는 꼬리표를 떼기는 영원히 어려울 것으로 보인다.

카나브와 제미글로 외에 국내 시장에서 성공한 국산 신약으로 꼽히는 일양약품의 항궤양제 놀텍(성분명 일라프라졸), 당뇨병 치료제인 종근당의 듀비에(성분명 로베글리타존)와 동아ST의 슈가논(성분명 에보글립틴) 또한 기존 동일 계열 약물이 여럿 있는 가운데 나온 후발 주자이다. 대웅제약이 국산 신약 36호로 허가받은 SGLT-2 억제제 계열의 당뇨병 치료제 엔블로(성분명 이나보글리플로진)도 국내 선두 제품인 아스트라제네카의 포시가(성분명 다파글리플로진)의 특허가 만료되기 직전에야 출시됐다.

칼륨 경쟁적 위산 분비 억제제(Potassium Competitive Acid Blocker, P-CAB) 계열은 이와 유사하면서 특이한 시장을 형성하고 있다. 국내에서 연간 1000억 원의 원외처방액을 기록하고 있는 HK 이노엔의 국산 신약 30호 케이캡(성분명 테고프라잔), 대웅제약의 국산 신약 34호 펙스클루(성분명 펙수프라잔), 온코닉테라퓨틱스의 국산 신약 37호 자큐보(성분명 자스타프라잔)가 P-CAB 계열에 해당한다. 국내에서 P-CAB 계열은 역류성 식도염과 위궤양 치료제로 빠르게 시장을 확대하고 있다. 기존에 널리 사용되던 프로톤 펌프 억제제(PPI)보다 약효가 빠르고 복용 편의성이 낫다는 평가를 받고 있다.

하지만 2018년 국내 허가를 취득한 케이캡도 퍼스트 인 클래스는 아니다. 2015년 다케다제약이 P-CAB 계열의 다케캡(성분명 보노프라잔)을 일본에서 허가받은 후 2023년 보퀘즈나라는 이름으로 미국에도 출시했기 때문이다. 그래도 앞서 언급한 ARB 계열 고혈압 치료제나 DPP-4 억제제 계열 당뇨병 치료제처럼 시장 구도가 굳어지지 않아 케이캡이나 펙스클루, 자큐보에도 기회가 있었다. 케이캡과 펙스클루는 미국에서 임상시험도 진행되고 있다.

그렇지만 P-CAB 계열 자체의 경쟁력에 의문이 제기되고 있다. 경쟁 상대인 PPI 계열의 약값이 워낙 낮기 때문이다. P-CAB 계열의 장점이 PPI 계열의 저렴한 약값을 넘어설 수 있어야 한다. 국내에서는 국민건강보험이 적용돼 환자 부담이 적어 의사들의 처방을 끌어내고 있지만, 약값 차이 때문에 해외에서는 다를 수 있다. 그렇다고 오래전에 특허가 만료된 PPI 계열에 준하는 약값을 책정할 수도 없다. 연구개발에 인색한 국내 제약계에서 무려 3개 제약사가 개발에 성공한 P-CAB 계열에 대해 다케다제약을 제외한 다국적 제약사의 투자나 연구개발이 이루어지지 않고 있다는 점에 주목해야 한다.

국산 신약 개발의 흑역사, 올리타와 인보사케이

수많은 임상 연구와 처방 자료가 축적된 동일 계열 제품이 즐비했지만 국산 신약이라는 이름을 앞세운 카나브와 제미글로는 국내 제약 시장에 안착했다. 국내 기술로 개발한 가치 덕분인지 영업력 덕분인지 알 수 없다. 다만 약효, 안전성, 가격 같은 의약품 자체의 가치 덕분이 아니라는 것은 분명하다. 그럼에도 카나브와 제미글로는 국내 제약 산업에 긍정적으로 작용했다. 국산 신약이 성공할 수 있다는 전례를 남기면서, 신생아 수준의 연구개발 투자를 유아기까지 끌어올렸다.

그런데 유아기의 연구개발 투자에서 흑역사가 빚어졌다. 역량을 갖추지 못한 채 목표만 높아서 문제가 발생했다. 대표적인 예가 한미약품의 비소세포폐암 치료제 올리타(성분명 올무티닙)이다. 올리타는 상피세포 성장 인자 수용체(Epidermal Growth Factor Receptor, EGFR) 변이 비소세포폐암 치료제를 목표로 개발을 시작한 티로신 키나아제 억제제(Tyrosine Kinase Inhibitor, TKI)이다. TKI는 EGFR 변이로 발생하는 여러 암종에 사용되는데,

특히 한국인을 포함한 동아시아인에게 높은 비율로 발생하는 비소세포폐암의 예후 개선에 큰 발전을 가져왔다.

올리타는 1·2세대 TKI로 치료하다가 내성이 생기면 사용하는 3세대 TKI로 기대를 모았다. 경쟁 제품은 아스트라제네카의 타그리소(성분명 오시머티닙)였다. 타그리소는 1세대 EGFR TKI의 치료 내성 중 60퍼센트를 차지하는 T790M 변이에 효과를 보이며 2015년 미국 FDA(식품의약국)의 가속승인을 받은 뒤 2017년 최종 승인됐고, 국내에서도 2016년 품목 허가를 취득했다. 기존에는 1세대 EGFR TKI로 치료하다가 내성이 생기면 더 이상 이용할 수 있는 치료제가 없었다. 타그리소의 등장은 EGFR 변이 비소세포폐암 치료의 거대한 변화이자 신시장의 등장이었다.

올리타는 이 시장에 진입할 수 있는 세계 두 번째 약물을 목표로 했다. 두 번째 3세대 TKI가 될 수 있다면, 국내 제약계가 꿈에 그리던 '글로벌 혁신신약'이 탄생할 수 있었다. 2015년 7월 다국적 제약사 베링거인겔하임은 올리타의 한국, 중국, 홍콩을 제외한 세계의 모든 적응증에 대한 독점적 권리를 갖는 신약 라이선스 계약을 체결했다.[23] 계약금 5000만 달러에 개발 단계별 기술료인 마일스톤(milestone) 6억 8000만 달러, 원화로 총 1조 원에 달하는 대규모 계약이었다. 기대감이 높아졌다. 2016년 5월에 타그리소보다 1주일 빨리 국내 품목 허가를 취득했다.[24] 베링거인겔하임이 주관하는 글로벌 임상시험이 계획대로 진행되면 '글로벌 혁신신약'이 될 수 있었다.

그런데 문제가 발생했다. 2016년 9월 베링거인겔하임이 올리타의 연구개발을 포기했다.[25] 글로벌 2상 임상시험을 시작도 하지 않고 검토 단계에서 올리타의 권리를 반환했다. 계약금 5000만 달러를 포기하면서까지 내린 결론이었다. 황당한 것은 올리타가 국내에서는 이미 신약 승인을 받았다는 사실이다. 다국적 제약사는 2상 임상시험을 시작하기도 전에 신약 개발 가능성을 포기했는데 국내에서는 올리타로 치료를 하고 있었다. 이것은 국내에서 2상 임상시험까지만 진행하고 판매하다가 3상 임상시험 결과를 제출하기로 하는 조건부 승인을 받았기에 가능했다.

조건부 승인은 대규모로 진행해야 하는 3상 임상시험 전에 시급한 환자가 먼저 사용할 수 있도록 허가하는 제도다. 3상 임상시험에서 미끄러지는 약물 후보물질이 세계 제약 시장에 흔한 점을 고려할 때, 아주 제한적으로 사용해야 한다.

하지만 식품의약품안전처는 조급했다. 타그리소가 먼저 국내에서 승인되면 올리타의 조건부 승인이 어려울 수 있었다. 대체 가능한 치료제가 있는데 조건부 승인을 해줄 수는 없는 노릇이었다. 이에 올리타는 타그리소보다 1주일 앞서 조건부 승인을 받을 수 있었다. 올리타 2상 임상시험에서 이상반응으로 발생한 사망 사고 따위는 '글로벌 혁신신약'의 가치를 떨어뜨리지 못한다고 판단한 것은 아닐까?

학계의 지원 사격도 이어졌다. 연구에 참여한 국내 폐암 연구 권위자를 비롯한 교수들은 연일 올리타의 우수한 결과를 홍보하기에 바빴다. 이 권위자의 생각은 무엇이었을까? 국내 임상시험 결과에서 이상반응이 나왔지만, 조건부 허가를 받은 뒤 3상 임상시험에서 용량 조절을 통해 문제를 해결할 수 있다는 것이었을까? 그 과정에서 올리타로 치료받는 환자들은 어쩔 수 없는 희생양으로 봐야 한다는 것이었을까?

한미약품은 베링거인겔하임의 권리 포기에도 올리타 임상시험을 이어갔다. 올리타는 2017년 국민건강보험도 적용받았다. 이 또한 올리타가 타그리소보다 빨랐다.

하지만 2018년 4월 한미약품은 올리타의 국내 3상 임상시험 중단을 발표했다.[26] 한미약품은 공시에서 "올리타 개발을 중단한 이유는 경쟁 약물인 타그리소가 세계 40여 개국에서 판매되고 있어 올리타의 3상 임상시험이 어려워졌기 때문"이라고 설명했다. 여기에 올리타 개발을 완료하더라도 신약으로서의 가치가 없다고 판단해 개발을 중단했다는 입장을 더했다.

한미약품의 말대로 올리타를 허가하지 않은 국가에서 3상 임상시험을 진행하기 어려웠던 것은 사실이다. 이미 타그리소로 치료할 수 있는데 올리타와 백금 기반 화학 치료를 비교하는 임상시험을 진행하는 것은 윤리적 문제를 야기할 수 있었다. 다만 이 문제를 해결할 수 있는 다른 방법이 전혀 없었을지 의문이다. 임상시험 비용이 큰 폭으로 늘어나겠지만 자신 있다면 타그리소와의 비교 임상시험도 할 수 있었다.

신약으로서의 가치가 없다고 판단한 점도 의문이다. 타그리소는 지금까지도 높은 약값 논란의 중심에 있다. 한미약품의 당초 계획대로 올리타는 낮은 가격으로 세계 시장에서 성공할 수도 있었다.

가장 큰 의문은 임상시험 데이터였다. 다국적 제약사는 3상 임상시험에서 연구개발에 실패하더라도 대체로 데이터를 공개한다. 그러면서 어떤 문제가 있었고 어떤 이유로 개발을 포기하는지 밝힌다.

하지만 한미약품은 개발을 중단한 올리타의 3상 임상시험 데이터를 전혀 공개하지 않았다. 이상반응에 대한 '늑장 보고' 논란에 진실 공방까지 벌어졌지만, 데이터 공개는 없었다. 데이터를 공개하지 않으면, 효과와 안전성이 아닌 시장 상황 때문에 이미 환자에게 투여하고 있는 올리타를 폐기한다는 한미약품의 주장을 확인할 근거가 없다. 물론 품목 허가와 국민건강보험 적용까지 승인한 정부도 책임이 있기에 한미약품에만 책임을 묻기는 어렵다.

결국 올리타 사태는 시험 약물로 치료받은 환자만 피해를 입은 비극이 되고 말았다. 국내 제약 산업의 연구개발 역량 부족, 제도적 허점, 국산 신약 봐주기가 빚은 파국이었다.

올리타 사태가 벌어지고 난 다음 해인 2019년에 발생한 코오롱생명과학의 인보사케이 사건 역시 우리나라 제약 산업의 취약점이 여실히 드러난 흑역사다.

인보사케이는 무릎 연골을 재생해 퇴행성 관절염을 개선한다는 놀라운 효과로 주목받은 세포·유전자 치료제다. 염증을 완화하고 연골 성분 생성을 촉진하는 인자인 TGF-β1 유전자와 동종 연골 유래 연골세포를 동시에 무릎 관절강에 투여하면 2년 이상 통증 개선과 기능 개선 효과를 볼 수 있다고 했다. 놀라운 주장이었다. 퇴행성 관절염의 통증을 완화하는 데 그치지 않고 연골세포 재생까지 한다는 것은 불가능에 가까운 이야기였다. 국내를 넘어 세계적으로도 엄청난 기대를 모을 수밖에 없는 혁신적인 신약이었다.

코오롱생명과학은 10여 년간 인보사케이 개발에 공을 들였다. 인보사케이가 세 자녀를 둔 코오롱그룹 이웅열 회장의 넷째라는 말이 나올 정도였다. 코오롱생명과학의 희망은 현실이 되는 듯 보였다. 2016년 미쓰비시다나베제약과 총액 5000억 원 규모의 기술 수출 계약을 체결하고[27] 2017년에는 국내 최초의 유전자 치료제로 품목 허가까지 취득했다. 출시 후 인보사케이는 3,700명의 환자에게 투여됐고, 출시 2년 만에 200억 원에 가까운 매출을 올렸다. 코오롱생명과학은 인보사케이의 10년 내 글로벌 의약품 매출 톱 10 진입을 공공연히 외쳤다.

이 과정에서 논란이 없었던 것은 아니다. 식품의약품안전처는 인보사케이의 적응증을 통증 완화로 제한했다. 인보사케이가 자랑하던 연골 재생 효과가 인정되지 않은 것이다. 이에 '수백만 원짜리 진통제'라는 조롱도 나왔다.

실제로 인보사케이의 국내 임상 연구 설계에는 연골 재생 효과를 확인하는 내용이 담겨 있지도 않았다. 코오롱 측은 연골 재생 같은 구조 개선 효과를 확인하려면 장기 임상 연구가 필요한데 대규모 연구가 예정된 미국 임상시험에서 증명할 수 있다고 강변했다.

결국 국내 적응증 허가는 연골 재생을 제외한 통증 완화로만 제한됐다. 인보사케이의 통증 완화 효과가 기존 진통제보다 지속 기간이 길긴 하지만, 이렇게 비싼 유전자 치료제가 아니더라도 대체제가 이미 충분히 있었다. 통증 완화 효과만으로 혁신신약이라는 이름을 붙이기는 어렵다.

2017년 말에는 미쓰비시다나베제약이 인보사케이에 대한 기술 수출 계약 취소를 통보했다.[28] 단순히 개발 포기가 아닌 계약금 반환까지 요구했다. 당시 미쓰비시다나베제약은 미국에서 실시할 3상 임상시험에 쓰일 임상 시료의 생산지 변경과 사용 승인 절차 공유를 하지 않은 것을 문제 삼았다. 코오롱생명과학은 반발했고 계약금 반환 문제는 국제상업회의소(ICC) 중재로 넘어갔다.

여러 논란 속에서도 인보사케이는 국내 시장에서 순항했다. 인보사케이 납품 병원은 443개, 투약 가능 병원은 무려 912개에 달했다. 일부 병원은 국내 환자는 물론이고 해외 환자 유치까지 적극적으로 나서며 인보사케이 투여에 앞장섰다. 코오롱생명과학은 인보사케이의 잇따른 해외 공급 계약 체결을 주기적으로 알렸다.

당시 만난 정부 관계자는 인보사케이와 관련해 압박을 느끼고 있었다. 통증 완화 효과만 인정받은 상황에서 코오롱 측이 국민건강보험 적용을 주장하고 있는데, 여론이 부담스럽다고 토로했다. 연골 재생 효과가 확실하다면 치료제의 가격이 비싸더라도 급여화를 추진할 수 있다. 하지만 통증 완화 효과만으로 1인당 수백만 원에 달하는 약값에 국민건강보험을 적용하기는 어렵다. 이 관계자는 국민건강보험 적용 지연 때문에 국내 최초로 개발된 글로벌 혁신신약의 발목을 정부가 붙잡는 모양새가 될까 봐 부담스러워했다.

그리고 취재 현장에 이상한 소문이 돌기 시작했다. 인보사케이가 수상하다고들 했다. 당시에는 인보사케이에 대한 시기일 수 있다고 생각했다. 당국에 제출한 자료에 기재된 세포와 다른 세포로 인보사케이가 생산되고 있을 것이라고는 상상도 하지 못했기 때문이다.

2019년 3월 말 식품의약품안전처는 인보사케이의 제조와 판매를 중지시키고 조사를 시작했다.[29] 조사 결과, 허가 당시 제출한 자료에는 인보사케이의 주성분이 연골세포였으나 시판 중인 제품의 주성분은 신장세포였다. GP2-293으로 불리는 이

신장세포는 키우기가 쉽고 단백질 발현도 용이해 실험용으로 주로 사용된다. 신장세포가 연골세포로 둔갑해 환자에게 투여된 것은 제약업계는 물론이고 전 국민에게 충격이었다.

당연히 인보사케이의 허가는 취소됐다. 인보사케이의 해외 사업을 맡고 있던 코오롱티슈진은 상장 폐지 위기에 몰렸고 이웅열 회장은 재판에 넘겨졌다. 역시나 피해는 허가 당국과 제약사를 믿고 값비싼 가짜 유전자 치료제 인보사케이를 투여한 환자들의 몫이었다.

코오롱 측은 단순 실수에 의한 것이라고 여전히 주장하고 있지만, 이 사건은 식품의약품안전처의 관리 혹은 검증 실패와 국내 제약 산업의 저급한 연구개발 역량이 드러난 대표적인 사례가 됐다. 이후 의약품 안전이나 허가 관리에 문제가 발생할 때마다 '제2의 인보사 사태'라는 말이 대명사처럼 사용됐다. 인보사 사태가 발생하고 난 다음 해인 2020년에는 3상 임상시험 결과 보고를 조건으로 허가된 삼성제약의 췌장암 치료제 리아백스(성분명 테르토모타이드)가 여러 절차적 의혹과 더불어 허가가 취소됐다.[30] 국산 신약으로 세계 시장에 도전하려던 리아백스에 붙은 꼬리표는 여전히 '제2의 인보사'다.

올리타와 인보사케이, 그리고 리아백스 사건은 국내 제약 산업의 신약 연구개발 실태와 제도적 부실을 극명하게 드러냈다. 대체 가능한 동일 계열 선발 제품이 이미 10여 년 전부터 시판된 카나브나 제미글로와는 다른 차원의 문제였다.

그렇다고 1999년부터 2024년 상반기까지 나온 37개의 국산 신약 모두가 해외에서는 의미 없는 내수용이거나 암울한 흑역사로 귀결된 것은 아니다. 개중 가장 성공적인 길을 걷고 있는 최신 약품도 있다. 유한양행의 EGFR 변이 비소세포폐암 치료제 렉라자(성분명 레이저티닙)의 시작은 올리타와 닮았다. EGFR 변이 비소세포폐암 환자를 대상으로 하는 3세대 TKI 표적 항암제라는 점이 그렇다. 경쟁 제품 역시 아스트라제네카의 타그리소로 동일하다.

올리타가 실패하자 타그리소는 국내외에서 승승장구했다. 1·2세대 EGFR TKI 항암제의 2차 치료제를 넘어 1차 치료제까지 적응증을 확대한 것이 가장 큰 영향을 미쳤다. 미국종합암네트워크(NCCN)와 유럽종양학회(ESMO)의 국제적 가이드라인에서도 타그리소를 1차 치료제로 사용할 것을 권고하고 있다. 2차 치료제가 1차 치료제까지 영역을 확대했다는 것은 대상 환자군의 확대를 의미한다. 2차 치료제인 타그리소는 1·2세대 EGFR TKI 항암제를 투여한 환자의 60퍼센트에서 나타나는 T790M 변이 양성으로만 대상이 한정됐다. 하지만 1차 치료제가 된 타그리소는 EGFR 변이만 확인되면 사용할 수 있었다. 타그리소의 매출은 급증했다. 아스트라제네카의 사업 보고서에 따르면 타그리소의 2023년 매출은 58억 달러에 달해, 한화로 8조 원이 넘었다.

렉라자는 올리타 때보다 더 강해진 타그리소에 도전하고 있다. 렉라자의 성분인 레이저티닙은 2015년 유한양행이 국내 바이오벤처인 오스코텍으로부터 들여와 국내 임상 연구를 진행했다. 2018년 유한양행은 렉라자에 대해, 우리나라를 제외한 세계 판권을 넘기는 계약을 다국적 제약사 얀센과 체결했다.[31] 계약금 5000만 달러에 단계별 기술료인 마일스톤 12억 500만 달러, 한화로 총 1조 5000억 원에 달하는 국내 사상 최대 규모 기술 수출 계약이었다. 마일스톤 계약으로 단계별 기술료를 실제로 수령한 것도 국산 신약 가운데 유일하다.

유한양행이 진행한 렉라자의 국내 연구도 순조로웠다. 2021년 1월 2차 치료제로 국내 허가를 취득하고 6개월 만에 국민건강보험이 적용됐다. 2023년 6월에는 1차 치료제까지 영역을 넓혔고 같은 해 12월 국민건강보험 급여가 개시됐다. 렉라자의 행정 진행은 놀라울 정도로 빨랐다. 품목 허가와 국민건강보험 적용이 일사천리로 이루어졌다. 렉라자가 워낙 훌륭한 의약품이라 그랬을까? 유감스럽게도 그 과정에서 간과하기 어려운 유착이 일어났다. 신속한 진행이 필요한 국내 선두권 제약사와 국산 신약이 간절한 정부, 목적이 의심스러운 학계가 죽이 맞아 빚어진 정경 산학 유착 로맨스였다.

렉라자의 전례 없는 초고속 시장 진입과 유한양행 사장

국내외에서 타그리소가 1차 치료제까지 영역을 확대하면서 새로운 쟁점이 나타났다. EGFR 변이 비소세포폐암을 치료하는 TKI 약물이 다양해지면서 투여 순서의 중요성을 강조하는 순차 치료(sequential therapy)가 화두로 떠올랐다. 3세대 TKI 표적항암제인 타그리소를 사용하다가 내성이 생기면 사용할 수 있는 다른 치료제가 없으므로, 우선 아스트라제네카의 이레사(성분명 게피티닙), 로슈의 타쎄바(성분명 엘로티닙) 등 1세대 TKI나 베링거인겔하임의 지오트립(성분명 아파티닙), 화이자의 비짐프로(성분명 다코미티닙) 등 2세대 TKI를 먼저 사용한 후 내성이 생기면 2차 치료제로 타그리소를 쓰는 게 나을 수 있다는 주장이다.

실제로 타그리소를 1차 치료제로 사용할 경우 1세대 TKI를 먼저 사용할 때보다 동양인에게는 장점이 없다는 연구가 나오면서 순차 치료가 더욱 관심을 받았다. 타그리소의 1차 치료제 적응증은 FLAURA 연구 결과를 기반으로 정해졌다.[32] 타그리소 3상 임상시험인 FLAURA 연구는 이전에 항암 치료 경험이 없는 EGFR 변이 비소세포폐암 환자 556명을 대상으로 했다. 피험자는 타그리소 투여군 279명과 이레사/타쎄바 투여군 277명이 무작위로 배정됐다.

2017년 유럽종양학회(ESMO)에서 발표한 FLAURA 연구의 무진행 생존 기간(Progression-Free Survival, PFS, 질병 진행 없이 생존한 기간) 결과에서 타그리소 투여군은 18.9개월, 이레사/타쎄바 투여군은 10.2개월로 나타났다. 이 결과를 기반으로 타그리소는 국내외 1차 치료제 적응증 사용 허가를 취득할 수 있었다. 다만 이레사/타쎄바로 치료받으면 내성이 생겨서 질병이 다시 진행되더라도 타그리소라는 표적 항암제 대안이 있지만, 타그리소로 치료받다가 내성이 생기면 사용할 약물이 없다는 점에서 전체 생존 기간(Overall Survival, OS) 결과를 지켜봐야 했다.

한국아스트라제네카는 타그리소의 1차 치료제 적응증 획득 직후 국민건강보험 적용을 신청했다. 뇌 전이에 효과를 보이는 유일한 약물로서 의료진이나 환자의 수요가 충분했다. 그런데 2019년 FLAURA 연구의 전체 생존 기간 결과가 발표되면서 분위기가 급변했다. 타그리소 투여군의 전체 생존 기간이 38.6개월로 이레사/타쎄바 투여군의 31.8개월보다 길었다. 이 결과만 보면 성공적이었다. 문제는 아시아인을 대상으로 한 하위 그룹 결과에 있었다. 아시아인의 경우 두 약물 투여군에서 전체 생존 기간의 차이가 나타나지 않았다. 전체 생존 기간 개선을 보인 환자가 1,000명 중 5명이었다. 통계적으로 유의미하지 않은 결과였다. 반면 비아시아인의 경우 타그리소로 치료받은 1,000명 중 458명의 전체 생존 기간이 개선됐다. 요컨대 FLAURA 연구에서 타그리소의 전체 생존 기간 개선이 비아시아인의 결과로부터 나왔다는 것을 알 수 있다. FLAURA 연구는 아시아인 347명, 비아시아인 209명을 대상으로 한 아시아인 중심의 연구였기에 하위 그룹 결과라 할지라도 의미가 컸다.

연구 결과 발표 직후 타그리소의 1차 치료제 사용에 대한 국민건강보험 적용에 제동이 걸렸다. 아시아인의 전체 생존 기간 개선이 입증되지 않았는데 이레사, 타쎄바보다 훨씬 비싼 타그리소를 1차 치료제로 국민건강보험을 적용할 수는 없었다. 당시 타그리소의 국민건강보험 적용을 막은 곳은 흔히 '암질심'으로 불리는 건강보험심사평가원의 중증(암)질환심의위원회였다.

일반적인 의약품의 경우 건강보험심사평가원 약제급여평가위원회의 심의를 거쳐 국민건강보험공단의 약값 협상으로 넘어간다. 하지만 항암제의 경우 전문성을 고려해 대부분 종양내과 교수들로 구성된 중증질환심의위원회를 한 번 더 거친다. 중증질환심의위원회의 심의 결과를 약제급여평가위원회가 수용하지 않은 경우는 한 번도 없었다. 다시 말해 항암제에 대해서는 중증질환심의위원회가 약제급여평가위원회의 역할을 한다고 볼 수 있다.

FLAURA 연구의 전체 생존 기간 결과가 발표된 후 중증질환심의위원회 위원들을 취재했다. 그런데 아주 황당한 경우가 아니라면 제약사의 입장에 가깝던 교수들의 반응에서 이상한 기시감이 느껴졌다. 국민건강보험 적용에 무진행 생존 기간 결과는 의미가 크지 않고 전체 생존 기간 결과가 중요하다는 것이 그들의 주된 반응이었다. FLAURA 연구 결과에 비해 타그리소의 약값이 지나치게 높다는 의견도 있었다.

당시에는 이 반응이 유한양행의 렉라자와 관련이 있을 것이라고는 상상하지 못했다. 타그리소의 연구 결과가 아시아인에게 유의미하지 않았고 약값도 지나치게 높았기 때문이다. 의료 현장에서 암 환자를 치료하는 일선 의사로서 신약의 빠른 국민건강보험 적용을 바라는 것이 제약사를 옹호하는 모습으로 보였던 교수들의 태도 변화였기에 신기하다는 생각이 든 정도였다.

중증질환심의위원회는 아스트라제네카에 타그리소의 1차 치료제 국민건강보험 적용에 대한 재정 분담안을 요구했다. 그러고 나서 4년여가 흘렀다. 2023년 3월이 돼서야 중증질환심의위원회는 타그리소의 1차 치료제 사용에 대한 국민건강보험 적용을 통과시켰다. 공교롭게도 렉라자의 1차 치료제 적응증 획득을 허가하기 직전이었다. 렉라자는 1차 치료제 적응증 획득 후 2개월 만에 중증질환심의위원회를 통과했다. 타그리소는 국내에서 렉라자보다 1차 치료제 적응증을 5년 먼저 획득했지만 국민건강보험 적용은 렉라자와 동시에 이루어졌다. 2024년 1월부터 타그리소와 렉라자의 1차 치료제 이용에 국민건강보험이 적용됐다.

그런데 타그리소가 중증질환심의위원회에 묶여 있던 시기에 위원장을 지낸 인물이 2023년 유한양행의 연구개발(R&D) 전담 사장이 됐다. 현역 의대 교수가 제약사로 자리를 옮기는 경우는 흔하지 않지만 없지도 않다. 다만 자리 이동 직전까지 중증질환심의위원회 위원장이었다는 점, 그 위원회가 유한양행 렉라자에 유리한 상황을 만들었다는 점은 유착 의혹을 사기에 충분했다.

앞서 유한양행은 중증질환심의위원회에서 오랫동안 활동하며 영향력이 컸던 학회장 출신 모 교수를 2021년에 자회사 이뮨온시아의 대표이사로 영입하기도 했다. 타그리소에 대한 국민건강보험 적용이 가져올 재정 부담과 순차 치료 필요성 등을 가장 적극적으로 강조해 온 인사다. 우연이라고 하기에는 너무나 절묘해 렉라자의 행정 절차 진행과 관련된 해명이 필요해 보인다.

렉라자 단독요법이 글로벌 혁신신약으로 인정받기는 어렵다. 5년 이상 앞선 타그리소가 자리하고 있기 때문이다. 하지만 얀센의 리브리반트(성분명 아미반타맙)와의 병용요법은 1차 치료제로 2024년에 미국과 유럽의 승인을 획득했고 타그리소 내성에 대한 2차 치료제로 인정받을 가능성도 있다. 그러면 렉라자 또한 글로벌 혁신신약에 이름을 올릴 수 있다.

국내 제약 산업의 유일한 신약 성공작인 렉라자가 진정한 혁신신약이 되려면 유착 의혹에서도 벗어나야 할 것이다. 타그리소의 1차 치료제 사용에 대한 국민건강보험 적용이 4년 넘게 지연되어 약의 혜택을 받지 못한 많은 환자들의 억울함은 누가 어떻게 풀어주고 책임질 것인가?

국내 주식시장에만 존재하는 약물 후보물질

코로나19 바이러스가 본격적으로 전 세계를 강타한 2020년 초 국내 주식시장은 폭락했다. 빨랐던 국내 유입과 전파, 유례없는 팬데믹에 대한 공포가 작용했다. 그런데 폭락했던 주가가 2개월도 지나지 않아 빠르게 반등했다. 심지어 코로나19 팬데믹 기간에 국내 주가 지수가 사상 최고점을 경신하는 모습까지 연출됐다. 이 극적 반전의 중심에 제약·바이오 관련주들이 있었다. 코로나19 바이러스 백신과 치료제에 대한 관심이 관련 제약사들에까지 확산됐다.

이 시기 국내 주식시장을 논할 때 빼놓을 수 없는 제약사가 있다. 바로 신풍제약이다. 신풍제약의 돌풍은 2011년 자사가 국산 신약 16호로 개발한 말라리아 치료제 피라맥스(성분명 피로나리딘/알테수네이트)에 대한 2020년 5월 식품의약품안전처의 코로나19 치료제 2상 임상시험 승인으로 시작됐다.

신풍제약은 감염 세포 시험에서 피라맥스의 코로나19 바이러스 억제 효과를 확인했다며 국내 임상시험 돌입을 알렸다. 국내 코로나19 환자 116명을 대상으로 한 무작위·위약 대조·이중눈가림 방식이었다. 당시 코로나19 치료제 후보물질로 권고된 클로로퀸과, 피라맥스의 주성분인 피로나리딘의 화학 구조가 서로 유사하고, 피라맥스가 에볼라 바이러스에 일부 억제 효과를 나타냈다는 점이 기대를 높였다. 1주당 7,000원대에 불과하던 신풍제약의 주가가 2020년 3월부터 꿈틀대기 시작하더니 2020년 9월에는 214,000원까지 치솟았다.

하지만 피라맥스의 코로나19 치료제 가능성은 단지 실험실 결과에 불과했다. 실험실 결과만으로 주가가 30배로 오른 것은 신드롬에 가까웠다. 당시에는 신풍제약뿐 아니라 일양약품, 부광약품 등이 코로나19 치료제 개발을 시작했다는 뉴스만으로 주가가 폭등했다.

개발의 현실성에 대한 취재가 필요했다. 전문가 의견을 받아 기사를 작성했다. 신풍제약의 주가가 3만 원이 채 되지 않던 2020년 6월이었다. 취재의 결론은 현실성을 기대하기에 매우 위험하다는 것이었다. 피라맥스의 코로나19 치료제 가능성은 실험실 수준에 불과했으며 무엇보다 신풍제약의 치료제 개발 능력에 대한 의문이 컸다. 기사에는 치료제 개발의 현실성에 관한 취재 결과와 함께 코로나19 팬데믹이라는 특수한 상황에서 제약·바이오 관련주에 대한 투자 주의가 필요하다는 내용이 담겼다.

제약 전문지 기사에는 댓글이 달리는 경우가 많지 않다. 그럼에도 이 기사에는 댓글이 꽤 달렸다. 댓글 중 '기자는 약물 재창출에 대해 공부하라'는 내용이 기억에 남는다. 실제로 약물 재창출로 성공한 사례가 있다. 대표적인 예가 화이자의 발기부전 치료제 비아그라(성분명 실데나필)이다. 비아그라는 고혈압 치료제로는 실패했지만, 발기부전 치료제로 세계 제약사(史)에 큰 족적을 남겼다.

비아그라와 피라맥스는 완전히 달랐다. 화이자는 혁신신약을 개발한 풍부한 경험과 과감히 투자할 자본이 있었다. 반면 신풍제약은 혁신신약 개발 경험이 전무했다. 피라맥스는 신풍제약이 개발했다고 하기에는 해외 비영리 단체의 역할이 컸다. 피라맥스는 스위스의 말라리아치료제벤처(Medicines for Malaria Venture, MMV) 재단이 전임상시험부터 3상 임상시험까지 비용 전체와 연구개발(R&D) 컨설팅까지 맡아 개발해 2012년 유럽의약청의 사용 승인을 받았다. 사실상 재단이 의약품 개발 과정 전체를 부담했다고 볼 수 있다. 신풍제약의 신약 개발 경험이라고 보기 어렵다.

게다가 아르테미시닌 복합 제제(Artemisinin-based Combination Therapy, ACT)로 피라맥스가 유일한 것도 아니었다. 이미 2009년에 다국적 제약사 노바티스가 개발한 동일 기전의 코아템(성분명 아르테메테르/루메판트린)이 표준치료제로 자리잡혀 있었다. 노바티스는 말라리아 치료를 위한 후속 약물도 개발하고 있다. 만약 아르테미시닌 복합 제제의 코로나19 치료제 가능성이 높았다면 노바티스가 뛰어들지 않았을 리 없다. 노바티스는 스위스 제약사 몰레큘러 파트너스와 함께 코로나19 치료제 개발에서 피라맥스와 전혀 상관없는, 바이러스의 스파이크(spike) 단백질을 직접 공격하는 주사제인 엔소비베프(개발명 MP-0420)에 집중한 바 있다.

코아템보다 피라맥스의 약효가 뛰어나기 때문에 코로나19 치료제로서의 가능성이 더 높다고 주장할 수도 있다. 하지만 임상시험 결과에 나타난 두 제품의 말라리아 치료 반응률은 피라맥스가 99.5퍼센트, 코아템이 99.2퍼센트로 의미 있는 차이라고 볼 수 없다.[33]

연구개발 역량과 약물 후보물질 가능성은 물론이고 투자 자본에서도 피라맥스와 비아그라는 차이가 있다. 비록 국내에서는 중견 제약사에 속하지만 신풍제약의 연구개발 자본은 화이자와 비교조차 어렵다. 안타깝고 위험한 상황이었다. 국내 제약사의 치료제 연구개발 역량을 주주들이 오해하고 있었다. 하지만 신풍제약의 주가 폭등은 계속됐다. 신풍제약 주식에 관해 묻는 주변인들에게 했던 위험하다는 일갈이 머쓱해지는 상황이었다. 주가 폭등은 임상 연구 결과가 나오면서 멈췄다.

신풍제약에 더 이상의 행운은 없었다. 주가 상승의 시발점이 된 2상 임상시험은 실패했다.[34] 피라맥스 투여 후 7일에 코로나바이러스 음성 전환율을 살핀 1차 평가변수가 기준을 충족하지 못했기 때문이다. 신풍제약은 2상 임상시험 실패에도 불구하고 가능성을 봤다며 3상 임상시험을 진행했지만, 2023년 발표한 결과에서 1차 평가변수인 유증상 성인 환자의 중증화율 억제가 대조군 대비 효과를 나타내지 못했다.[35] 신풍제약의 역량을 고려할 때 3상 임상시험을 완료한 것만도 나름의 성과일 수 있다.

그런데 이 과정에서 신풍제약의 개발 의지를 의심하게 하는 정황이 있었다. 신풍제약의 최대 주주인 송암사는 피라맥스 2상 임상시험 발표 직전에 주식 200만 주를 시간 외 매매를 통해 매도했다. 송암사는 신풍제약의 오너 일가인 장원준 대표가 소유한 회사다. 당시 신풍제약 주식이 10만 원 수준이었기에 고점에서 매도해 수익만 챙겼다는 비판이 이어졌다. (2025년 2월 "금융위, 코로나 임상 실패 숨긴 신풍제약 오너 2세 검찰 고발" 기사가 언론에 대대적으로 보도됐다.)

2024년 현재 신풍제약의 주식은 주당 1만 원 초반대를 맴돌고 있다. 약물 재창출은 없었고 주가는 제자리로 돌아왔다. 이는 신풍제약뿐 아니라 코로나19 치료제 개발에 나섰던 일양약품, 부광약품 등도 마찬가지다. 국내 제약사의 코로나19 치료제 개발은 국내 주식시장에만 영향을 줬을 뿐이다.

신풍제약의 피라맥스처럼 주식시장에만 영향을 준 '신기루'들은 과거에도 많았다. 주로 바이오벤처들의 약물 후보물질이었다. 신라젠은 한때 시가 총액이 10조 원에 달한 바이오벤처였다. 항암 바이러스 펙사벡(JX-594)이 간암 분야 혁신 치료제가 될 수 있다는 기대 때문이었다.

2015년부터 진행된 펙사벡의 3상 임상시험 PHOCUS 연구에는 간암 환자 600명이 참여했다.[36] 당시 표준치료제인 바이엘의 넥사바(성분명 소라페닙)로 치료하면서 펙사벡 투여 여부로 결과를 비교하는 방식이었다.

국내 주식시장에서 잘 나가던 펙사벡은 2019년 고꾸라졌다. 미국 데이터모니터링위원회(Data Monitoring Committee, DMC)가 PHOCUS 연구에 대한 무용성 평가를 실시한 결과, 임상 중단을 권고했기 때문이다. 데이터모니터링위원회는 임상시험 단계에서 환자 안전과 약물 효능 데이터에 대한 모니터링을 실시하는 전문가 그룹이다. 신라젠은 펙사벡 외에 내세울 수 있는 파이프라인도 없는 회사였다. 단지 펙사벡에 대한 기대만으로 10조 원에 달하는 시가 총액을 끌어모았다.

같은 해인 2019년 말에는 로슈의 면역 항암제 티쎈트릭(성분명 아테졸리주맙)과 표적 항암제 아바스틴(성분명 베바시주맙)을 병용하면 넥사바보다 사망 위험을 42퍼센트 낮출 수 있다는 연구 결과가 나왔다. 넥사바에 펙사벡을 함께 투여하려던 방식을 완전히 폐기시킨 치료법의 개발이었다. 신라젠의 펙사벡은 주주들에게 종교와도 같아 취재가 부담스러운 지경이었다. 펙사벡의 문제를 꼬집은 경제 전문지 기자의 처벌을 바라는 국민 청원이 등장하기도 했다.

2020년 신라젠의 주식은 거래가 정지됐다.[37] 경영진의 횡령·배임으로 시작된 주식 거래 정지는 기업심사위원회에서 상장을 유지하기 어렵다는 평가로까지 이어지면서 상장 폐지 기로에 섰다. 날아간 펙사벡 간암 연구를 보완하기 위한 새 파이프라인 마련과 연구 인력 확충 등을 거친 끝에 신라젠은 상장을 겨우 유지할 수 있었고 2022년 말에야 거래 정지가 풀렸다. 거래 정지는 풀렸지만 10조 원에 달하던 시가 총액이 2024년 현재 4500억 원으로 줄어들었다. 신라젠은 펙사벡을 다른 암종 치료제로 개발하려고 하지만, 과거와 같은 종교적 분위기는 없다.

이런 전례에도 불구하고 주식시장에만 존재하는 연구개발 성과들이 여전히 나타난다. 바이오벤처에 대한 기대도 남아 있다. 바이오벤처의 약물 후보물질은 주의 깊게 살펴봐야 한다. 판단 잣대는 기술 수출 여부가 될 수도 있다. 국내 최대 제약사인 유한양행도 렉라자의 글로벌 3상 임상시험은 기술 수출을 통해 얀센이 진행했다. 국내 제약사들은 아직 글로벌 3상 임상시험을 진행할 역량이 없다. 유아기 수준의 국내 제약사가 글로벌 혁신신약을 개발하기 위해서는 기술 수출이 필수적이다.

다행히도 대형 다국적 제약사들은 유망한 약물 후보물질 확보에 적극적이라서 투자를 아끼지 않는다. 국내 바이오벤처의 약물 후보물질이 국내 2상 임상시험까지 이르렀음에도 기술 수출이 되지 않았다면 어떻게 봐야 할까? 유망하지 않은 약물 후보물질이라고 보는 것이 합리적이지 않을까?

너도나도 보톡스 시장에 뛰어들다가 소송전까지

연구개발 역량이 유아기 수준인 국내 제약 산업이 세계 시장에서 강점을 보이는 분야가 있다. 보툴리눔 톡신(Botulinum Toxin)

이다. 하지만 이 보툴리눔 톡신 시장에서도 국내 제약사들은 여러 의혹을 야기하며 진흙탕 싸움을 벌이고 있다.

보툴리눔 톡신은 신경 전달 물질인 아세틸콜린의 방출을 억제해 이완성 마비를 유발하는 생물학적 신경 독성 단백질이다. 이 물질은 1895년에 추출됐지만 오랜 기간 맹독으로만 취급되다가 1970년대 들어 소량이 의료용으로 이용되기 시작됐다. 미국 제약사 앨러간이 개발한 보톡스 제품은 상업적으로 가장 성공한 보툴리눔 톡신이다. 국내에서는 '보톡스'를 보툴리눔 톡신의 일반명사처럼 사용하기도 한다.

보톡스는 1989년 미국에서 치료용으로 허가를 취득하며 세계 시장에 나왔다. 1995년에는 국내에도 도입돼 치료와 미용 분야 모두에서 다양하게 이용되고 있다. 세계 보톡스 시장은 앨러간의 보톡스와 멀츠의 제오민, 입센의 디스포트, 란저우생물학연구소의 BTX-A 등이 점유하고 있다.

그런데 국내 보툴리눔 톡신 시장은 특이하다. 다국적 제약사 외에 국내 제약사 다수가 보툴리눔 톡신 제품을 개발해 판매하고 있기 때문이다. 미용 수요가 높은 국내 시장의 특징으로만 설명하기에는 미심쩍은 부분이 있다.

국내 보툴리눔 톡신 시장의 개막은 메디톡스가 제제 개발에 성공한 2006년으로 거슬러올라간다. 메디톡스가 개발한 메디톡신은 국내에서 빠르게 점유율을 확대했다. 이후 2010년 휴젤이 보툴렉스를, 2014년 대웅제약이 나보타를 출시하면서 국내 제약사 간 경쟁 구도가 형성됐다. 2016년에는 휴온스가 리즈톡스의 허가를 취득하며 시장에 뛰어들었다.

보툴리눔 톡신 제품은 생산이 어렵지는 않지만, 독소 개발에 적합한 균주를 찾기가 쉽지 않다. 국내에 보툴리눔 톡신 균주가 반입된 것은 미국 위스콘신 대학교에서 식품미생물학을 연구하던 양규환 박사가 보툴리눔 Hall A 균주(*Clostridium botulinum* strain Hall A)를 이삿짐에 넣어온 1969년으로 알려져 있다. 이 균주를 메디톡스의 창립자인 정현호 대표가 받아서 배양해 메디톡신을 만들었다는 게 제조사 측 주장이다.

문제는 휴젤과 대웅제약, 휴온스의 균주 출처에 있었다. 이 제약사들이 균주를 배양할 당시에는 생물무기금지협약(1975년에 발효된 생물·독소 무기에 관한 금지·폐기 협약)에 의해 보툴리눔 톡신 균주의 국가 간 이동이 금지돼 있었다. 대웅제약은 보툴리눔 톡신 균주를 경기도 용인시 모처의 마구간에서 발견했다고 주장했고 휴젤은 부패한 통조림에서, 휴온스는 국내 돼지 사육장에서 균주를 확보했다고 밝혔다. 대웅제약과 휴젤, 휴온스는 모두 국내 모처를 조사했더니 상업화가 가능한 독소를 만드는 균주를 찾았다는 것인데, 그 주장을 그대로 믿기에는 석연치 않은 부분이 있었다. 결국 이것이 소송전으로까지 이어졌다.

메디톡스는 대웅제약의 나보타가 출시된 직후 경찰에 고발해 수사를 요청했다. 대웅제약이 자사의 보툴리눔 톡신 균주를 훔쳤다고 했다. 진흙탕 싸움의 시작이었다. 메디톡스는 2017년 대웅제약을 산업기술유출방지법 및 부정경쟁방지법 위반으로 형사 고소했다. 같은 해에 민사 소송도 제기했다. 대웅제약이 미국 FDA에 자사의 보툴리눔 톡신에 대한 품목 허가를 신청한 2017년에는 메디톡스가 미국 법원에도 소송을 제기했다. 또한 앨러간과 함께 2019년에는 미국 국제무역위원회(International Trade Commission, ITC)에 대웅제약과 대웅제약의 파트너사인 에볼루스를 제소했다.

국내 형사 고소 사건의 결과는 2022년에 나왔다. 양사가 유사한 원천 기술을 갖고 있지만 메디톡스의 균주가 대웅제약으로 유출됐다고 볼 증거가 없어 무혐의 처분이 내려졌다. 메디톡스는 이를 받아들이지 않았다. 고등검찰청에 이의 신청을 내 재수사가 진행되고 있다. 반면 2023년 민사 재판부는 메디톡스의 손을 들어줬다. 대웅제약의 균주 도용을 인정하며 메디톡스에 손해배상금 400억 원을 지급하라는 판결을 내렸다.[38] 이후 대웅제약과 메디톡스 모두 항소했다.

미국 국제무역위원회의 판단도 엇갈렸다. 당초 대웅제약의 균주 도용을 인정하며 미국 내 수입 금지 10년을 결정했으나 최종 심의에서 21개월로 단축했다.[39] 이에 에볼루스는 나보타의 미국 매출 중 일부를 로열티로 지급하기로 메디톡스·앨러간과 합의하며 국제무역위원회의 결정을 무효화했다.

메디톡스는 휴젤과도 균주에 대한 소송을 이어가고 있다. 여러 제약사가 다수의 소송에 휘말려 있는 상황이다. 하지만 관련 이슈가 부각될 때마다 각 제약사는 '제품 판매와 무관하다'라는 보도 자료를 배포하며 매출에 열을 올린다.

2020년에는 메디톡스의 첫 보툴리눔 톡신인 메디톡신의 국내 허가가 취소됐다. 무허가 원액을 사용해 제품을 생산했다가 적발되어 판매 중지 및 품목 허가 취소 등의 행정 처분을 받았다. 이와 관련된 소송 또한 진행 중이다.

2020년과 2021년 사이에는 국가 출하 승인을 받지 않은 수출용 보툴리눔 톡신을 국내에 판매한 업체들이 잇따라 품목 허가 취소라는 철퇴를 맞았다. 2020년 메디톡스를 시작으로 2021년 휴젤과 파마리서치, 한국비엠아이, 한국비엔씨, 제테

마 등의 제품이 제제를 당했다. 이것은 수출용 보툴리눔 톡신을 국내 도매상 등에 '간접 수출'해 온 방식에 대해 식품의약품안전처가 문제를 지적하며 나선 사건이다. 이 사건에 대한 재판도 진행 중이다.

국내 제약사들은 보툴리눔 톡신을 포기하지 못한다. 보툴리눔 톡신은 허가만 취득하면 생산 비용이 크지 않아 크게 남기 때문이다. 다국적 제약사의 보툴리눔 톡신 제품보다 낮은 가격을 무기로 하는 수출 또한 매년 실적이 늘고 있다. 그래서 보툴리눔 톡신 제품을 판매하려는 국내 제약사가 계속 늘고 있다. 대형 제약사인 종근당도 보툴리눔 톡신의 수익률을 알고 공장을 설립하여 뒤늦게 뛰어들었다. 소송전이 난무하는 시장이지만 뛰어들 수밖에 없다. 복제약 판매나 다국적 제약사 판매 대행만으로는 장기적 비전이 없다는 것을 알면서도 신약 연구개발에는 투자할 의지가 없는 국내 제약사들의 현실이다.

눈물 나는 인공 눈물 싸움

국내 제약사와 정부가 대법원까지 가는 소송전을 벌인 사건도 있다. 인공 눈물, 혹은 소금물이란 멸칭(蔑稱)으로 불리는 일회용 점안제의 용량 제한을 통한 약가 인하를 두고 벌어진 갈등이다. 그간 방만하게 운영된 부분을 바로잡고자 하는 정부와, 약의 효과나 안전성이 아니라 정부의 방만한 정책을 이용해 큰 돈을 벌던 제약사 간의 싸움이다.

2018년 정부는 일반적으로 사용되는 일회용 점안제(히알루론산나트륨 0.1퍼센트)의 표준 용량을 0.4밀리리터(ml)로 제한하고 이에 따른 국민건강보험 적용 상한가를 170원으로 조정했다. 일회용으로 사용하는 점안제의 용량이 불필요하게 늘어나 보험 적용 상한가가 올라감으로써 국민건강보험 재정에 누수가 발생한다는 지적에 따른 대책이다.

일회용 점안제를 생산하는 제약사들은 즉각 반발했다. 0.4밀리리터당 170원은 지나치게 낮아 수익성을 갖출 수 없다고 했다. 이에 정부는 일회용 점안제의 이익률을 제시했다. 기존처럼 일회용 점안제를 판매할 경우 제약사가 갖는 이익률이 25퍼센트에 육박하므로 170원은 절대 낮지 않다고 했다. 정책에 대한 의견 수렴 기간에 제약사들은 0.4밀리리터 용량 기준은 수용하지만 단가를 230원으로 책정하지 않으면 소송도 불사할 기세를 보였다. 결국 제약사들은 대법원까지 가는 끝장 소송을 벌였다.

제약사의 반발은 어찌 보면 당연했다. 일회용 점안제로 손

쉽게 높은 매출과 영업 이익률을 구가하고 있었는데 갑자기 정부가 제한 정책을 시행한 것이다. 일회용 점안제가 주력 사업인 제약사도 적지 않았다. 그 정도로 일회용 점안제는 수익성이 좋은 품목이다.

건강보험심사평가원의 보험 급여 청구 자료에 따르면, 2018년 점안제에 지출된 국민건강보험 재정은 2400억 원에 달했다. 같은 해에 희귀 질환 치료제의 재정 소요가 3200억 원, 항암제가 1조 원이었음을 감안할 때 단일 제품군으로는 엄청난 부담이었다. 희귀 질환 치료제나 항암제에는 환자의 생명이 걸려 있지만 국민건강보험 재정의 한계 때문에 신약의 급여권 진입이 쉽지 않았다. 이에 반해 중요도가 낮은 일회용 점안제에 과도한 재정이 들어가므로 시정해야 한다는 지적이 계속됐다. 그렇다고 명분 없이 약값을 일방적으로 깎을 수는 없었다. 일회용 용량 제한을 통한 점안제 약가 인하는 정부가 명분을 고심해 짜낸 일종의 우회책이었다.

제약사 입장에서는 억울했다. 일회용 점안제로 인한 과도한 보험 재정 지출은 제약사의 고려 대상이 아니었다. 제약사로서 일회용 점안제를 판매하여 안정적인 수익을 올리는 것이 불법이거나 지탄받을 일도 아니었다. 다만 쉽게 만들어 판매할 수 있는 인공 눈물 외에 다른 주력 제품이 없는 제약사가 많다는 사실이 문제였다.

용량 제한을 통한 일회용 점안제 약가 인하로 빚어진 갈등에 대해 1심부터 대법원 판결까지 모두 정부의 손을 들어줬다. 재량권 일탈 남용, 절차상 위법 등을 주장한 제약사 20곳의 주장은 모두 기각됐다. 그런데 과연 재판에서 이긴 정부가 정말 이긴 것일까?

대법원의 판결은 2020년 11월에야 나왔다.[40] 정부가 정책을 고시한 2018년 8월부터 2년 3개월이나 지난 후다.[41] 이 기간 제약사들은 집행 정지 제도를 통해 약가 인하를 막아냈다. 대법원 판결 이후에도 일회용 점안제 시장은 꾸준히 성장하고 있다. 용량이 작아지니 오히려 판매량이 늘어나는 현상이 나타났다.

정부는 일회용 점안제로 인한 국민건강보험 재정 과다 지출을 막지 못했고, 일회용 점안제 판매에 주력하는 제약사들은 약가 인하에도 별 타격 없이 사업을 지속하고 있다.

2023년 급기야 정부는 일회용 점안제를 기등재 의약품 재평가 대상에 올렸다. 이미 국민건강보험 급여 대상에 등재된 의약품을 평가해 급여 기준을 조정하겠다는 것이었다. 재평가에서 일회용 점안제는 쇼그렌증후군, 피부점막안증후군, 건선안증후군 등 내인성 질환에만 급여 적정성이 있다는 결론이 나왔다. 내인성 질환 적응증에 쓰이는 일회용 점안제에만 국민건강보험이 적용된다면 재정 영향이 큰 폭으로 줄어들 수 있다. 다만 이 결론이 급여 기준에 적용되는 것은 지연되고 있다. 일회용 점안제 판매에 사활이 걸린 제약사가 적지 않다는 점이 부담스럽기 때문일까? 일회용 점안제 판매에 의존하는 제약사들은 복제약 가격을 낮출 경우와 마찬가지로 그 숫자가 줄더라도 의료에 미치는 영향이 미미할 것으로 보인다.

국산 프리미엄 백신?

코로나19 팬데믹은 역설적이게도 백신 분야의 급속한 발전을 이끌었다. 최대한 빨리 코로나19 백신을 투여하기 위해 많은 국가에서 최소한의 절차만 거쳐 허가를 진행했다. 이 과정에서 전령 리보핵산(messenger ribonucleic acid, mRNA)으로 만들어진 백신이 주목받았다. mRNA 백신은 약독화되거나 사독화된 바이러스 단백질을 체내에 직접 주입해 면역 반응을 유도하는 기존 백신과 달리, 면역 반응을 일으키는 단백질을 생성하는 법을 세포에 학습시킴으로써 특정 바이러스에 노출될 경우 그에 대한 항체를 만들도록 유도한다. mRNA 백신은 체내에 바이러스를 직접 주입하지 않아 상대적으로 안전하고 생산 기간도 짧다. 10년가량 소요되는 백신 개발 기간을 단축할 수 있다는 것도 큰 장점이다.

다만 상용화 사례가 없다는 약점이 있었다. 이론상으론 유용성이 확인됐지만, 실제로 인체에 투여하고 관찰한 연구가 적어 데이터가 충분하지 않았다. 코로나19 팬데믹은 mRNA 백신 발전에 크나큰 교두보가 됐다. 무려 10억 명에게 mRNA 백신을 투여하는 초대형 임상시험 겸 시판이 이루어졌다. 이후 mRNA 백신은 더 빠르게 발전하고 있다.

안타깝게도 국내 제약사는 이 같은 천재일우(千載一遇)의 기회에 동참할 수 없었다. mRNA 백신 제조 기술의 기반이 전혀 없었기 때문이다. mRNA 백신 제조 기술을 준비해 온 다국적 제약사의 세계 시장에 국내 제약사는 생산만 대신해 납품하는 수준에 그쳤다. 아쉽게 놓친 기회가 아니었다. 국내 제약사의 백신 연구개발 역량은 너무 뒤처져 있었다.

2021년 질병관리청 자료에 따르면[42] 보건소나 위탁 민간 의료 기관에서 실시하는 예방접종 비용 전체를 나라에서 지원하는 국가예방접종지원사업(National Immunization Program, NIP)

대상 백신 22종 가운데 국내 제약사가 제조하여 공급할 수 있는 백신은 6종에 불과하다. 자급률로 보면 30퍼센트가 되지 않는다. 필수 예방접종 백신도 만들지 못하는 상황에서 mRNA 백신을 기대하는 것은 지나친 바람이다.

백신 개발에는 막대한 연구개발 비용과 인력이 필요한 반면 대체로 수익성은 낮다. 그렇다면 수익성이 있는 프리미엄 백신 시장에서 두각을 나타내는 국내 제약사가 있을까? 최초의 국산 프리미엄 백신을 개발했다고 홍보하는 제약사가 있기는 하다.

SK바이오사이언스(구 SK케미칼)는 2017년 대상포진 백신 스카이조스터의 국내 판매 허가를 취득하며 세계 시장에 진출할 계획도 밝혔다. 당시 세계 대상포진 백신 시장은 MSD의 조스타박스가 장악하고 있었다. 조스타박스는 2006년 미국에서 출시된 이후 세계 시장을 독점했다. 국내에도 2012년에 출시돼 대상포진 백신의 대명사로 군림했다. 조스타박스의 독점이 깨진 것은 GSK(글락소스미스클라인)가 개발한 싱그릭스가 등장하고 나서다. GSK는 2017년 미국에서 싱그릭스의 판매 허가를 취득했다. 싱그릭스는 생백신(약독화 백신)인 조스타박스와 달리 재조합 불활화 사백신(사독화 백신)이다.

싱그릭스는 3상 임상시험 ZOE-50[43] 연구와 ZOE-70[44] 연구의 결과를 기반으로 허가됐다. 50세 이상 15,000명이 참여한 ZOE-50 연구는 싱그릭스와 위약을 비교하는 방식으로 이루어졌다. 3년간의 추적관찰에서 싱그릭스 투여 환자 가운데 6명이 대상포진으로 확진됐다. 210명에게 대상포진이 발생한 위약군과 비교하면 예방률이 97.2퍼센트에 달했다.

70세 이상 14,000명이 참여한 ZOE-70 연구의 결과도 비슷했다. 4년간의 추적관찰에서 싱그릭스 투여군의 대상포진 확진자는 23명, 위약군의 확진자는 223명이었다. 대상포진 예방률이 89.8퍼센트였다.

싱그릭스의 임상시험 데이터는 대상포진 백신 분야에 신선한 충격을 주었다. 앞서 시장에서 군림하던 조스타박스의 대상포진 예방률이 50대 70퍼센트, 60대 64퍼센트, 70대 41퍼센트, 80대 이상 18퍼센트 수준이었기 때문이다.

엄청난 데이터로 무장한 싱그릭스는 출시 6개월 만에 미국 대상포진 백신 시장에서 점유율 90퍼센트를 차지했다.[45] GSK가 밝힌 싱그릭스의 2018년 미국 대상포진 백신 시장 점유율은 98퍼센트에 달했다. 싱그릭스의 등장 이후 조스타박스는 MSD 본사 연례 보고서에서 사라질 만큼 매출이 급감했다.

이 같은 세계 대상포진 백신 시장 상황에서 SK바이오사이언스는 스카이조스터를 출시했다. 스카이조스터는 대상포진 예방률을 확인할 수 있는 데이터조차 제시하지 않았다. 스카이조스터에 대한 허가는 조스타박스와의 비교 임상시험을 기반으로 이루어졌다.[46] 50세 이상 842명에게 스카이조스터와 조스타박스를 투여하고 5년을 관찰한 연구다. 이 연구에서 스카이조스터는 면역원성 생성에 있어 조스타박스에 비해 열등하지 않다는 결과가 나왔다. 백신 연구의 핵심인 예방률은 공개하지 않았다. 그런데 식품의약품안전처는 스카이조스터를 허가하며 시판 후 추적관찰을 통해 예방률을 검증해 보고할 것을 조건으로 달았다. 스카이조스터가 다국적 제약사의 제품이었다면 허가 취득이 가능했을지 의문이다.

2018년 SK바이오사이언스에 스카이조스터 허가 조건 임상시험에서 나타난 대상포진 확진자 비율과 예방률 자료를 요청한 적이 있다. 다시 말해 3상 임상시험의 결과를 알려달라고 했다. 공개할 수 없다는 대답이 돌아왔다. 스카이조스터의 대상포진 예방률 데이터는 제품 출시 후 7년이 지난 2024년에도 공개되지 않았다.

조스타박스조차 싱그릭스에 밀려 퇴출 수순을 밟고 있는 상황에서 이렇게 신뢰할 수 없는 스카이조스터가 세계 대상포진 백신 시장에서 유의미한 영향력을 발휘할 리 없다. 싱그릭스는 2021년 국내 허가를 취득하고 이듬해에 출시됐다. 최초의 국산 프리미엄 백신이라는 스카이조스터가 살아남을 방법은 가격을 현저하게 낮추는 수밖에 없다.

약간의 희망은 있다. MSD가 2024년 조스타박스의 시장 철수를 선언했기 때문이다. 이제 스카이조스터는 싱그릭스의 가격 부담을 대체할 유일한 저가형 백신이다. 또한 대상포진 백신 도입이 논의되고 있는 국가예방접종지원사업에 스카이조스터가 포함된다면 SK바이오사이언스는 막대한 이익을 가져갈 수 있다. 싱그릭스는 가격이 높아 국가예방접종지원사업 진입이 쉽지 않을 것으로 예상된다. 최초의 국산 프리미엄 백신이라는 스카이조스터의 향후 성패가 제품력이 아닌 국가 정책에 의해 갈린다는 의미이기도 하다.

3장

다국적 제약사의 두 얼굴

“

다국적 제약사와의 협력에는 이중성이 있다.

그들은 환자에게 신약을 빠르게 접근시키는 조건으로

높은 가격을 제시한다.

”

2장에서 미래 유망 분야로 손꼽히는 제약 산업을 이끄는 국내 제약사들의 실상을 살펴봤다. 근시안적 이익에 눈이 먼 행태의 책임을 제약사들에게만 물을 수는 없다. 제약 산업의 발전 기반을 만든다는 명목하에 진행된 안일하고 부실한 정책 또한 주요 패착이다. 제약사가 복제약 판매만으로 막대한 이익을 안정적으로 챙기는 나라가 세상에 또 있는가? 그것도 전 국민이 납부하는 국민건강보험료로.

과거의 정책은 복제약 판매 수익을 신약 연구개발에 투자할 수 있는 구조가 지향점이었다. 하지만 1980년대부터 수십 년 동안 국내 제약사들은 정책의 혜택을 받고도 복제약 판매에만 열을 올렸다. 그런데도 이 정책을 고수해야 할까?

복제약 우대 정책은 대표적인 예일 뿐이다. 그간 국내 제약사에 혜택을 준 정책은 수없이 많았다. 그런 특혜성 정책이 계속된다면 앞으로도 국내 제약사의 발전은 없다. 다국적 제약사가 개발한 블록버스터 의약품의 특허 만료만 기다리는 현상이 지속될 가능성이 크다. 이대로라면 수십 년 뒤처져 있는 국내 제약사와 다국적 제약사 간의 격차가 더 크게 벌어질 수 있다.

이런 상황에서 국내 제약 산업의 다른 한 축인 다국적 제약사들은 어부지리로 이득을 챙기며 웃음 짓고 있다. 그들에게 한국 제약 시장은 안정적인 수익이 보장된 매출 자판기와 같다. 적은 투자로 막대한 매출을 가져갈 수 있다. 그들은 국내 제약 시장에서 자사의 신약은 물론이고 특허가 만료된 원조약으로도 큰 수익을 올릴 수 있다.

다국적 제약사들은 환자를 볼모로 고액의 약값을 고수하여 비난을 받기도 하지만, 국내 제약사들과 달리 세상에 없던 혁신신약을 개발해 공급함으로써 환자에게 희망과 건강을 안겨주기도 한다.

이 장에서는 다국적 제약사가 국내 제약 시장을 어떻게 이용하고 있는지 밝히고자 한다. 정부의 방만하고 부실한 정책과, 신약 개발에 투자하지 않는 국내 제약사들이 함께 초래한 난국이다. 미국이나 유럽 등지의 빅 마켓에도 다국적 제약사의 횡포는 있다. 그런데 신약을 개발할 능력이 없는 데다 시장 규모마저 작은 우리나라는 그야말로 속수무책이다.

다국적 제약사는 혁신신약을 무기로 국민건강보험과 협상에 나선다. 건강과 생명을 두고 촌각을 다투는 환자들은 신약 도입이나 국민건강보험 적용을 간절하게 기다린다. 정부가 소소한 전투에서는 이길 수 있다. 하지만 신약 도입에 대한 절대적 결정권을 지닌 다국적 제약사와의 약가 전쟁에서는 이기기 어렵다.

2018년 국정 감사에서 박능후 전 보건복지부 장관은 이렇게 말했다. "다국적 제약사와의 협력에는 이중성이 있다. 그들은 환자에게 신약을 빠르게 접근시키는 조건으로 높은 가격을 제시한다. 보건복지부 등 관계 기관은 적절한 가격과 환자 접근성을 위해 사투를 벌이고 있다."

우리나라 약값이 싸다는 거짓말

1장에서 언급했듯이, 현재 국내에 들어와 있는 다국적 제약사는 50여 개로 알려져 있다. 그중 국내에서 정식 법인으로 등록해 매년 감사 보고서를 제출하는 다국적 제약사는 34개이다. 2023년 감사 보고서를 기준으로, 34개 다국적 제약사 한국 지사가 1년간 올린 매출은 9조 7000억 원이다. 코로나19 치료제와 백신 수익이 더해진 2022년의 11조 2000억 원에서 소폭 하락했다.

다국적 제약사 한국 지사가 기록하는 연간 10조 원 규모의 매출은 국내 제약 산업에서 어느 정도 수준일까? 2023년 국내 제약사 282개가 올린 매출은 40조 원을 돌파했다. 따라서 국내 제약사들이 복제약을 중심으로 올린 매출의 4분의 1 수준이다. 그런데 사업 보고서를 보면 다국적 제약사 한국 지사의 직원 수는 국내 제약사의 10분의 1밖에 안 된다. 그들은 1인당 10억 원에 달하는 생산성을 보인다. 적은 수의 직원으로 높은 이익을 가져가는 구조다.

다국적 제약사 한국 지사는 본사에서 의약품을 매입해 국내 시장에 판매하는 방식으로 매출을 올린다. 복제약은 거의 팔지 않으니 영업 인력이 크게 필요하지 않다. 영업 인력이 부담스러우면 국내 제약사에 판매를 맡기면 된다. 마케팅은 홍보 대행사와의 계약을 통해 진행함으로써 고정 인력을 줄인다. 과거에는 국내에 공장을 두고 의약품을 생산한 다국적 제약사가 있었지만, 수입 의약품에 대한 국민건강보험 적용이 가능해지고 국내 인건비가 상승하는 등 사업 환경이 변하자 대부분 공장을 철수했다.

다국적 제약사의 혁신신약이라 할지라도 특별한 경우가 아니면 국민건강보험이 적용돼야 본격적인 매출을 올릴 수 있다. 전 국민이 준조세로 보험료를 납부하고 일괄적으로 보험 급여가 지급되는 국민건강보험이 적용되기만 하면 해당 의약품은 제약사에 안정적인 대규모 수익원이 된다. 국민건강보험 적용 약값은 제약사의 수익을 좌우하는 핵심 요소이므로 약값 협상에 사활을 건다. 반면 정부는 높은 약값을 받아들이기 어렵다. 약값이 보험 재정의 안정성과 지속성에 영향을 미치기 때문이다.

여기서 다국적 제약사의 불만이 나온다. 우리나라 정부가 혁신신약의 가치를 저평가한다고 주장한다. 1장에서 언급한 '코리아 패싱'도 이 주장의 연장선으로 볼 수 있다. '코리아 패싱'은 우리나라 정부가 요구하는 신약 가격이 지나치게 낮아 한국 시장에서는 신약 판매를 포기할 수 있다는 의견이다. 우리나라 제약 시장에서는 위험분담제(RSA)에 해당하지 않는 신약의 경우 국민건강보험 적용 약값이 투명하게 공개된다. 반면 외국에서는 일반적으로 정부나 민간 보험사가 제약사와 별도의 비공개 계약을 통해 약값을 정하므로 의약품의 실제 가격이 공개되지 않는다. 코리아 패싱은 국민건강보험을 운용하며 투명하게 약값을 공개하는 우리나라 정부가 약값을 적정하게 책정하지 않을 경우 다국적 제약사들이 신약을 공급하지 않을 수 있다는 우려를 조장하는 협박성 협상 도구이다.

그런데 이상하다. 해외에서는 철저히 비밀로 관리되어 제약사가 개별 보험사나 국가와 계약한 약값을 알 수 없는데 어떤 근거로 우리나라 약값이 낮다고 주장하는 것일까? 2023년 세계에서 가장 큰 매출이 발생한 MSD의 면역 항암제 키트루다의 경우 4밀리리터당 미국 내 표시가격이 5,979달러, 한화로 800만 원가량이다. 국내 국민건강보험 적용 약값은 210만 3620원이다.

이를 두고 미국보다 한국 약값이 낮다고 주장할 수 있을까? 미국의 의약품 표시가격에는 "표시된 가격은 현금 지불 고객에게 해당하며 의료보험 적용에는 유효하지 않다"라고 명시돼 있다. 미국에서 키트루다의 실제 약값은 표시가격과 차이가 크다. 표시가격은 제약사가 임의로 정할 수 있다. 사실상 미국에서 판매되는 키트루다의 보험 적용가는 알 수가 없다.

우리나라 약값이 낮은지는 제약사만 알고 있다. 국가나 보험사는 제약사와 개별적으로 협의한 약값만 알 뿐이다. 따라서 한국 시장에서 자사의 약값이 저평가돼 있다는 주장은 공개된 객관적 근거가 없으므로 신뢰하기 어렵다.

그런데 다국적 제약사의 가려운 부분을 긁어준 이가 있다. 'OECD 45퍼센트'를 주장한 성균관대 이의경 교수다. 이의경 교수는 2014년 「우리나라와 OECD 국가의 약가 수준 비교」라는 보고서를 발표했다.[47] 보고서에서는 우리나라의 신약 가격이 OECD 평균의 45퍼센트에 불과하다고 밝히고 있다. 국가별

구매력평가지수(Purchasing Power Parity, PPP)를 적용하더라도 60퍼센트 수준이라고 한다. OECD에는 38개 회원국이 있다. 선진국도 있지만 경제의 규모나 질이 우리나라보다 못한 국가도 여럿 있다. 이 38개 국가의 평균 신약 가격을 계산하면 우리나라에서 책정하는 신약 가격이 평균의 절반도 되지 않는다는 게 이의경 교수의 판단이다. 또한 그는 외국에 비해 국내 약값이 현저히 낮아 다국적 제약사들이 국내 신약 도입을 기피함으로써 환자 접근성 저하, 신약 가치 하락에 따른 연구개발 동력 상실 등의 문제가 발생한다는 주장도 한다.

이 보고서는 다국적 제약사가 약값 인상을 요구할 때마다 객관적 근거로 등장했다. 제약 전문지를 포함한 언론들은 이 자료에 기초한 다국적 제약사의 주장을 그대로 보도했다. 보고서는 2016년 다국적 제약사 한국 지사의 이익 단체인 한국글로벌의약산업협회(KRPIA)에서 발표한 「제약 산업 발전과 환자 접근성 향상을 위한 약가 제도 개선 방안」이라는 보고서에도 그대로 인용됐다. 2018년 이의경 교수는 유사한 다른 연구 용역도 수행했다.

그런데 이의경 교수는 다국적 제약사가 국가나 보험사와 개별로 합의한 약값을 알 수 없는데 어떻게 'OECD 평균'을 산출할 수 있었을까?

답은 2014년 보고서에 들어 있다. 보고서에서 저자는 "선행 연구들이나 다양한 검색을 통해서도 실질 가격까지 공개된 자료는 거의 찾을 수 없었다"라고 밝히고 있다. 그래서 찾은 방법이 "소매가 기준으로 10퍼센트, 20퍼센트, 30퍼센트를 낮췄다"라고 명시했다. 실제 가격을 찾을 방법이 없으니 연구자가 임의로 10퍼센트, 20퍼센트, 30퍼센트 낮춰 계산했다는 것이다. 왜 10퍼센트, 20퍼센트, 30퍼센트를 기준으로 했는지는 보고서 어디에도 설명돼 있지 않다. 대략 그 정도로 낮춰서 계산해 보니 우리나라의 신약 가격이 OECD 평균의 45퍼센트 수준으로 산출됐다는 것이다.

다국적 제약사와의 약값 협상에 나서는 정부 관계자들은 이 보고서에 난감한 기색을 감추지 않았다. 다국적 제약사들이 보고서가 부정확하다는 것을 알면서도 객관적 사실인 양 계속 내세우고 있기 때문이다.

놀라운 점은 다국적 제약사에만 도움이 되는 이 작위적이고 부실한 연구를 쏟아낸 이의경 교수가 2019년 식품의약품안전처장에 임명됐다는 것이다. 식품의약품안전처장은 인사 청문회 없이 임명되지만, 취임 3일 만에 이루어진 국회 보건복지위원회 업무 보고에서 이 보고서에 대한 지적이 나왔다.

업무 보고에서 더불어민주당 기동민 의원은 "해당 연구 결과를 보면 국내 등재 신약 가격이 OECD의 가장 낮은 공급 가격 수준으로 평균 45퍼센트에 불과하다고 했다. 아직도 그런 생각을 가지고 있느냐?"고 물었다. 기동민 의원은 전년도인 2018년 국정 감사에서 한국MSD 대표이사 아비 벤쇼산(당시 한국글로벌의약산업협회 회장)에게 "외국과 국내의 약가 수준 비교는 실제 가격 확인이 불가해 비교 자체가 무의미하다"라며 "한국글로벌의약산업협회의 OECD 평균 45퍼센트 주장은 환자를 우롱하는 것"이라고 질타했다.

기동민 의원 외에 정의당 윤소하 의원, 민주평화당 김광수 의원 등도 실거래가 파악이 불가능한 상황에서 다국적 제약사에만 유리한 연구 결과를 보고서로 발표한 이의경 처장의 자격에 대해 지적했다. 그런데 이의경 처장은 또다시 황당한 답변을 내놓았다. "해당 보고서는 보험 적용 의약품 2만여 개 중 222개에 관한 연구일 뿐"이라고 해명했다.

보고서의 조사 방법을 살펴보면 특허가 만료되지 않은 신약을 대상으로 하고 있다. 신약 약값을 비교하는데 왜 기존의 국민건강보험 적용 의약품 2만여 개를 기준으로 하는가? 실제로 연구에 포함된 신약 222개는 국민건강보험 의약품 급여 목록에 등재된 신약 가운데 90퍼센트에 달한다. 2만여 개 중 222개가 아니라 해당 시기의 신약 240여 개 중 222개다.

이의경 처장이 말한 "학술적 의도로 시작한 연구가 바람직하지 않은 방향으로 이용됐다"는 주장도 다소 황당하다. 해당 보고서가 본인이 해명한 대로 바람직하지 않은 방향으로 사용되고 있다는 것을 몰랐을 리 없다. 그렇다면 2018년에 한국글로벌의약산업협회로부터 용역을 받아 진행한 국내외 약값 비교 연구는 왜 수행했을까? 해당 연구는 바람직한 방향으로만 이용될 것이란 확신이 있었을까?

마지막 해명은 "약가 보정 방법론은 연구자에 따라 다를 수 있다"는 주장이었다. 다시 말해 연구자가 10퍼센트, 20퍼센트, 30퍼센트라는 임의의 약가 인하율로 해외 약값을 산출하더라도 문제가 없다는 것이다. 하지만 이 임의의 약가 인하율에 대한 근거가 문제다. 인하율이 국가별 또는 보험사별로 천차만별이므로 연구자는 임의의 인하율을 정한 근거를 제시해야 했다. 일부 국가의 경우 표시가격 기준으로 약가 인하율이 60~70퍼센트에 달한다는 정부 관계자의 발언과 크게 다르다.

이의경 처장은 2016년부터 2018년까지 제약사로부터 수

주한 연구 용역이 43건에 달했다. 금액으로는 35억 원이다. 연구 용역의 상당수는 다국적 제약사의 의약품이 한국 시장에서 보이는 비용효과성을 평가한 연구였다. 다국적 제약사는 이의경 처장의 주요 고객이었다. 국내 제약사는 딱히 비용효과성 입증이 필요한 의약품이 없다. 국내 사회약학 연구자들은 정부 용역 아니면 다국적 제약사를 바라볼 수밖에 없다.

식품의약품안전처장에 오를 만큼 제약 산업에서 영향력이 큰 인물이 다국적 제약사의 활용 목적이 분명한 연구를 지속했다. 신약에 대한 국민건강보험 적용 약값이 지나치게 낮다는 다국적 제약사의 주장에 부합하는 끼워맞추기식 보고서를 국내 유력 연구자가 만들어 왔다.

이런 현실은 정부의 신약 약값 협상을 더욱 어렵게 한다. 다국적 제약사는 고가의 신약을 국내에 계속 들여오고 있다. 앞으로도 다국적 제약사와의 신약 약값 협상은 지난할 것으로 보인다.

급할 것 없는 다국적 제약사, 피해는 환자의 몫

MSD의 면역 항암제 키트루다(성분명 펨브롤리주맙)는 정부와 다국적 제약사가 독점적 신약에 대한 국민건강보험 적용을 두고

지리멸렬한 협상을 벌인 대표적인 사례다. 면역 항암제는 암세포에 약물을 직접 가하지 않고 면역계통의 기능을 활성화함으로써 암세포를 선택적으로 식별해 공격하도록 유도하는 치료제이다. 이는 치료제로 인한 부작용을 최소화하고 재발률을 낮추어 장기적인 효과를 기대할 수 있다.

면역 항암제에는 오노약품공업·BMS의 옵디보(성분명 니볼루맙), 로슈의 티쎈트릭(성분명 아테졸리주맙) 등 다양한 제품이 개발돼 있지만, MSD의 키트루다가 면역 항암제의 대명사로 꼽힌다. 가장 넓은 적응증에 가장 많이 사용되기 때문이다. 키트루다는 2014년 흑색종 치료제로 세계 시장에 등장했다. 이후 적응증을 계속 확대하여 지금도 획기적인 연구 결과가 나온 다수의 적응증이 검토되고 있다. 키트루다가 획득한 적응증 가운데 가장 큰 매출이 기대되는 것은 비소세포폐암이다. 비소세포폐암은 전체 폐암의 80퍼센트를 차지할 만큼 환자 수가 많다. 환자 수가 많은 만큼 치료제 개발 속도도 상대적으로 빠르다.

ALK(Anaplastic Lymphoma Kinase, 역형성 림프종 인산화효소), EGFR(Epidermal Growth Factor Receptor, 상피세포 성장 인자 수용체) 등의 유전자 변이가 확인된 비소세포폐암 환자의 경우 다양한 옵션의 표적 항암제 이용이 가능하다. 문제는 변이가 없는 50퍼센트 이상의 비소세포폐암 환자들이다. 표적 항암제가 없으므로 그들은 독성이 크고 효과를 장담할 수 없는 화학 항암제에만 의존해야 했다. 그래서 키트루다는 변이 없는 비소세포폐암 치료제로 개발됐을 때 엄청난 주목을 받았다.

키트루다는 2015년 미국 FDA에서 2차 치료제 적응증을 획득하며 본격적으로 비소세포폐암 시장에 진입했다. 당시에는 암세포에서 발견되는 단백질인 PD-L1(Programmed Death-Ligand 1, 표지자로 이용되는 암세포 표면 단백질)의 발현율이 50퍼센트 이상인 비소세포폐암 환자가 대상이었다. 이후 2016년에는 PD-L1 발현율 1퍼센트 이상인 환자에게도 효과를 입증한 KEYNOT-010 연구 결과를 바탕으로 적응증을 확대했다.[48]

국내에서도 2017년 확대된 적응증에 대한 허가가 이루어졌다. 키트루다가 2차 치료제로 사용되는 적응증에 대한 국민건강보험 적용도 순조로웠다. 2017년 8월 키트루다는 PD-L1 발현율 50퍼센트 이상인 비소세포폐암 환자의 2차 치료제로 국민건강보험이 적용됐다.

문제는 이보다 앞선 2017년 4월 국내에서 허가된 1차 치료제 적응증이었다. 이 허가는 키트루다에 대한 KEYNOTE-024 연구 결과를 기반으로 이루어졌다.[49] KEYNOTE-024 연구는 치료 경험이 없고 PD-L1 발현율이 50퍼센트 이상인 비소세포 폐암 환자 305명을 대상으로 기존 1차 표준치료제인 화학 항암제 2제 병용요법과 키트루다 단독 투여를 비교하는 방식으로 진행됐다.

2016년 《뉴잉글랜드 의학 저널(*NEJM*)》에 실린 이 연구에서 키트루다 투여군의 전체 생존 기간(OS) 중앙값은 26개월로, 화학 항암제 2제 병용요법의 13개월에 비해 약 2배로 늘어난 것으로 확인됐다. 키트루다 투여군은 부작용으로 구토, 백혈구나 혈소판 감소 등이 나타났지만, 화학 항암제 투여군의 부작용과는 비교할 수 없을 정도로 안전했다. 그야말로 혁신적인 결과였다.

한국MSD는 이 결과를 바탕으로 2017년 9월 키트루다의 비소세포폐암 1차 치료제 이용에 대한 국민건강보험 적용을 신청했다. 2차 치료제 적응증에 순조롭게 국민건강보험이 적용된 만큼 환자와 의료진의 기대가 컸다.

정부는 고민에 빠졌다. 면역 항암제는 장기 생존 가능성을 크게 높이지만 가격이 비쌌다. 당시 국민건강보험 적용 없이 키트루다를 사용하려면 4밀리리터 1병당 280만 원가량을 지불해야 했다. 표준치료인 3주 간격 24주 투여에는 환자 1인당

4500만 원이 필요했다. 비소세포폐암 환자 수를 고려할 때 정부는 키트루다 약제비에만 연간 2000억 원이 소요될 것으로 예상했다. 2000억 원을 한 질환, 한 약제에 쏟아부으면 다른 질환, 다른 약제와의 형평성 문제도 발생할 수 있었다.

아울러 면역 항암제의 특성을 고려해야 했다. 면역 항암제는 반응률이 낮다. 면역 항암제에 반응하는 20~30퍼센트의 환자에게는 획기적인 치료제지만, 나머지 70퍼센트에게는 효과가 낮다. 또한 면역 항암제는 적응증이 빠르게 늘어난다. 면역 항암제의 적응증 확대 속도는 기존 제도로 받아들일 수 있는 수준이 아니어서 향후 약값으로 소요될 국민건강보험 재정을 예측하기가 쉽지 않다. 2024년 기준으로 키트루다의 적응증은 비소세포폐암 분야 6개 등 27개에 달하며 앞으로 계속 늘어날 것이다.

그러니 각 적응증별로 신청된 국민건강보험 적용을 두고 개별 협상을 벌여 보험 급여 여부와 기준을 정하는 기존 방식으로는 면역 항암제를 수용하기가 어려웠다. 2018년 말 정부는 고심 끝에 대안을 제시했다. 면역 항암제의 국민건강보험 적용 기준을 반응 여부로 변경했다. 면역 항암제에 대한 반응 여부가 확인될 때까지 약제비를 제약사가 부담하고, 반응이 있으면 이후의 약제 이용에 대해 국민건강보험을 적용하는 방식이다.

정부가 제약사에 급여 방식 변경을 먼저 제안한 첫 사례였다. 제약사가 이 제안을 받아들였을까? 정부는 키트루다 제조사 한국MSD, 티쎈트릭(성분명 아테졸리주맙) 제조사 한국로슈, 옵디보(성분명 니볼루맙) 제조사 한국오노약품공업에 이 대안을 제시했다. 반응은 엇갈렸다.

한국로슈는 받아들였지만 한국MSD와 한국오노약품공업은 거절했다. 시장 상황이 결과를 좌우했다고 볼 수 있다. 한국로슈는 면역 항암제 후발 주자로서 빠른 국민건강보험 적용이 필요했지만, 시장을 선점하고 있던 한국오노약품공업이나 비소세포폐암 1차 치료제라는 대형 적응증이 걸린 한국MSD는 '받아들일 수 없는 제안'이라고 못 박았다. 한국오노약품공업이나 한국MSD의 결정은 당연하다. 이들의 제품은 과거에 치료를 기대하기 어려웠던 질환에서 장기 생존 가능성을 열었다. 대안이 없는 독점적 위치에 있는 의약품이다.

다시 말해 급할 것이 없었다. 한국MSD의 키트루다는 비소세포폐암 1차 치료제 적응증으로 국민건강보험 적용이 되기 전에도 국내에서 연간 2000억 원에 달하는 매출을 기록했다. 한국오노약품공업과 한국MSD의 1차 거절 이후 2차, 3차 협상이 이어졌지만 성과는 없었다. 한국MSD는 2019년 11월 키트루다의 비소세포폐암 1차 치료제 적응증에 대한 국민건강보험 적용을 재신청하며 절차를 처음부터 다시 밟았다.

2019년 MSD 본사의 사업 보고서에 따르면 키트루다는 연간 111억 달러, 한화로 14조 원에 달하는 매출을 올렸다.[50] 전년 대비 55퍼센트나 성장한 수치다. 당시 우리나라 시장에서의 성장률은 90~100퍼센트에 달했다. 국내 의료진과 비소세포폐암 환자만 국민건강보험 적용이 급할 뿐, 영리를 추구하는 민간 기업인 한국MSD는 급할 이유가 없었다. 다만 MSD 창립자인 조지 W. 머크(1894~1957)의 "의약품은 환자를 위한 것이지 기업의 이윤을 위한 것이 아님을 우리는 절대 잊지 말아야 한다"라고 한 발언과 괴리가 있다.[51] 한국 환자에게 혁신적인 신약과 서비스를 공급하는 것이 가장 중요한 목표라고 외쳐온 한국MSD의 목소리도 무색해졌다.

2019년부터 다시 시작된 키트루다의 비소세포폐암 1차 치료제 적응증에 대한 국민건강보험 적용 절차도 지연됐다. 정부는 비소세포폐암 1차 치료제라는 대형 적응증에 대한 제약사의 면역 항암제 보험 적용 요구를 수용할 수 없었고, 제약사는 역시나 급할 것이 없었다.

그 과정에서 한국MSD는 나름대로 재정 분담안을 제시하기도 했다. 재정 분담안의 세부 사항은 알 수 없지만 정부가 받아들일 수 있는 수준은 아니었다. 당시 만난 정부 관계자는 "한국MSD가 제시하고 있는 여러 재정 분담안은 전부 똑같다고 볼 수 있다. 새로운 부분도 없는데 자꾸 새로운 재정 분담안인 것처럼 가져오니 답답한 상황"이라고 푸념했다. 제약사가 키트루다에 대한 국민건강보험 적용을 위해 노력하고 있는 것처럼 '보여주기식'으로 재정 분담안을 제시했다는 의미다.

키트루다의 비소세포폐암 1차 치료제 적응증은 2021년이 돼서야 보험 급여가 결정됐다. 그해 7월 건강보험심사평가원 중증질환심의위원회를 4년여 만에 통과했다. 당시 한국MSD 대표는 인터뷰를 통해 "전례를 찾을 수 없는 수준의 제안을 했다"라고 밝히며 새로운 재정 분담안이 중증질환심의위원회 통과의 배경임을 암시했다. 이후 키트루다의 비소세포폐암 1차 적응증은 2022년 1월 약제급여평가위원회를 거쳐 2월에 건강보험정책심의위원회의 최종 결정이 내려짐으로써 3월부터 국민건강보험이 적용됐다.

한국MSD의 새로운 재정 분담안은 나중에 전해졌다. 키트루다의 비소세포폐암 1차 치료제 등재를 전제로 자사의 블록버스터 당뇨병 치료제 자누비아(성분명 시타글립틴)를 포함한 기존 국민건강보험 적용 의약품의 약값을 낮추는 이른바 '트레이드 오프(trade off, 원하는 것을 얻기 위해 다른 것을 희생하는 선택)'를 한 것이다.

이것은 국내 의약품 보험 급여 협상에서 트레이드 오프로 재정 분담을 한 첫 사례가 됐다. 한국MSD 대표가 말한 '전례를 찾을 수 없는 재정 분담안'이란 말이 거짓은 아니었다. 그렇다고 정부가 이긴 협상일까?

키트루다의 비소세포폐암 1차 치료제 적응증이 통과된 2021년 7월 중증질환심의위원회에서는 다른 면역 항암제도 안건으로 올라와 통과됐다. 로슈의 티쎈트릭이었다. 티쎈트릭은 2021년 4월 비소세포폐암 1차 치료제 적응증을 획득했다. 중증질환심의위원회 통과까지 걸린 기간이 불과 3개월이었다. 티쎈트릭은 이전에 화학 항암제로 치료받은 적이 없고 PD-L1 발현율 50퍼센트 이상 또는 TIL(Tumor-Infiltrating Lymphocyte, 종양 침윤 림프구) 발현율 10퍼센트 이상이면서 EGFR, ALK 변이가 없는 비소세포폐암 환자를 대상으로 한 IMpower110 연구 결과를 기반으로 승인됐다.[52] 연구에서 티쎈트릭은 전체 생존 기간(OS)을 20.2개월로, 대조군의 13.1개월보다 7.1개월 연장했다. 무진행 생존 기간(PFS)도 8.1개월로, 대조군의 5.0개월보다 길었다.

연구 결과는 훌륭했다. 하지만 2018년 이미 세계 표준치료제로 자리잡힌 키트루다와 비교하기는 어려웠다. 그간 키트루다 단독요법은 물론이고 다양한 병용요법을 통한 치료 사례와 누적된 데이터를 후발 주자인 티쎈트릭이 넘어설 수는 없었다. 그래서 티쎈트릭의 비소세포폐암 1차 치료제 적응증에 대한 외신의 주목도가 낮았다.

하지만 우리나라에서의 사정은 달랐다. 키트루다에 대한 국민건강보험 적용이 아직 이루어지지 않았기 때문이다. 게다가 한국로슈가 티쎈트릭의 다른 적응증에 대한 정부의 재정 분담안을 받아들여 국민건강보험이 신속히 적용됐다. 한국MSD가 키트루다의 비소세포폐암 1차 치료제 적응증에 대한 급여화가 급해진 이유는 우리나라 정부의 재정 분담안 제시나, 우리나라 환자에 대한 생각의 변화가 아닌 경쟁 제품의 추격 때문이었다. 티쎈트릭이 적응증을 빨리 획득하고 국민건강보험 적용 절차를 시작한 것이 한국MSD를 압박했다. 만약 티쎈트릭에 먼저 국민건강보험이 적용되면 기존에 비급여로 국내에서 수백억 원의 매출을 올리던 키트루다가 티쎈트릭으로 빠르게 대체

될 것이 분명했다. 독점 구조가 깨지는 것은 물론이고 점유율까지 떨어지는 것을 한국MSD는 지켜만 볼 수 없었다.

다행히 한국MSD는 키트루다의 비소세포폐암 1차 적응증에 대한 국민건강보험 적용 방법을 모르지 않았다. 마음을 먹으니 그토록 강조하던 한국 환자를 위한 혁신신약 접근성 향상이 가능해졌다. 다만, 마음을 먹는 데에만 4년 넘게 걸렸다. 그동안 국민건강보험 적용이 지연되면서 피해는 환자들에게 고스란히 돌아갔다. 국민건강보험이 적용되지 않은 키트루다 약제비 수천만 원을 개인 재정이나 민간 보험으로 감당해야 했다. 비용을 감당할 수 없는 처지면 키트루다에 대한 반응 여부도 확인하지 못한 채 독성은 강하고 효과는 낮은 화학요법에 의존할 수밖에 없었다.

만약 티쎈트릭이 없었다면 어떻게 됐을까? 키트루다의 비소세포폐암 1차 치료제 적응증에는 여전히 국민건강보험이 적용되지 않았을지 모른다. 면역 항암제의 국민건강보험 적용을 위한 새로운 보험 급여 기준이나 시스템이 아직 마련되지 않아 여전히 수많은 적응증별로 제각각 협상이 이루어지고 있다.

정부가 키트루다의 비소세포폐암 1차 치료제 적응증에 대한 보험 급여 협상에서 얻은 트레이드 오프라는 성과가 작다고 볼 수는 없다. 하지만 면역 항암제의 새로운 적응증에 대한 보험 적용으로 환자 접근성을 확대하려면 약물의 독점적 지위를 무기로 하는 다국적 제약사와 치열한 개별 협상을 벌여야 한다는 점은 변하지 않았다. 다국적 제약사의 재정 분담안 제시로 하나의 협상은 타결됐지만, 환자들은 4년 넘게 피해를 봤고 시스템은 변하지 않았다.

의약품의 국민건강보험 적용 지연, 누구를 탓해야 하나?

2019년 키트루다에 대한 국민건강보험 적용이 무산됐을 때 모 환자 단체는 보건복지부 앞에서의 시위를 예고했다. 정부가 환자에게 필요한 신약의 가치를 인정해 주지 않아 급여화가 지연되고 있다고 주장했다. 당시 협상 결렬은 정부가 PD-L1나 TIL 발현율에 따른 새로운 국민건강보험 적용 기준을 제시했지만 한국MSD가 거절한 결과였다. 한국MSD는 정부가 받아들일 수 없는 기준을 제시했다고 주장할 수 있었고 정부는 사회적 비난이 억울했다. 취재 과정에서 만난 한국MSD 관계자는 "받아들일 수 없는 가장 큰 부분은 반응 여부가 확인될 때까지 약제비를 제약사가 부담해야 한다는 점"이라며 "정부가 기업의 과도한 손해를 요구하고 있다"고 했다. 하지만 정부 관계자는

"(환자 단체가) 제약사 앞으로도 간다나요?"라고 하며 헛웃음을 지었다.

당시 시위를 예고한 환자 단체 대표에게 인터뷰를 요청했다. 면역 항암제 협상 결렬을 다룬 기사도 송부했다. 환자 단체 대표는 이런 내용은 모르고 있었다. 그저 비소세포폐암 환자에게 필요한 키트루다의 국민건강보험 적용이 늦춰졌다기에 시위를 계획했다고 답했다.

혁신적인 신약에 대한 국민건강보험 적용 지연은 당연히 정부에 책임이 있다. 책임져야 할 의무도 있다. 그렇다고 비난의 화살이 정부로만 향해야 할까?

당시 티쎈트릭 제조사인 한국로슈는 정부의 새로운 국민건강보험 적용 기준을 받아들였다. 티쎈트릭의 적응증은 요로상피암과 비소세포폐암 2차 치료제였다. 두 적응증은 6개월가량 지난 그해 7월 국민건강보험이 적용됐다.

그렇다면 비난의 화살의 방향이 잘못된 것은 아닐까? 유사한 면역 항암제인 키트루다와 티쎈트릭은 서로 다른 길을 걸었다. 다른 길을 걷게 된 갈림길에서 결정은 제약사에 의해 이루어졌다. 물론 티쎈트릭의 적응증은 비소세포폐암 1차 치료제와 비교하면 대상 환자 수가 적었다.

하지만 티쎈트릭이 2021년 허가를 취득한 간암 1차 치료제 적응증을 살펴보면 이야기가 다르다. 티쎈트릭은 표적 항암제인 아바스틴(성분명 베바시주맙)과의 병용요법을 기존 표준 치료제인 바이엘의 넥사바(성분명 소라페닙) 단독요법과 비교한 IMbrave150 연구에서 혁신적인 결과를 얻었다.[53]

간암 1차 치료제로서 넥사바는 10여 년간 독보적 입지에 있었다. 여러 약물 후보물질이 넥사바에 도전했지만 번번이 효과를 입증하지 못하고 밀려났다. 2018년 에자이가 렌비마(성분명 렌바티닙)의 허가를 취득했지만 렌비마도 넥사바보다 열등하지 않다는 결과만 입증된 약물이었다.

IMbrave150 연구 결과에서 티쎈트릭과 아바스틴의 병용요법은 넥사바보다 사망 위험을 42퍼센트 낮췄으며 질병 진행 또는 사망 위험 역시 41퍼센트 개선했다. 티쎈트릭/아바스틴 병용요법 투여군의 전체 생존 기간은 19.2개월로 넥사바 단독요법 투여군의 13.4개월보다 효과적이었으며, 무진행 생존 기간 또한 6.8개월 대 4.3개월로 월등했다. 이 데이터를 바탕으로 티쎈트릭/아바스틴 병용요법은 10여 년 만에 새로운 간암 1차 표준치료제가 됐다.

국민건강보험 적용은 어떻게 됐을까? 고가의 면역 항암제에 고가의 표적 항암제가 합쳐진 병용요법이었다. 하지만 허가 다음 해인 2022년 티쎈트릭/아바스틴 병용요법은 간암 환자의 1차 치료제로 국민건강보험이 적용됐다. 한국MSD의 키트루다에 대한 국민건강보험 적용이 4년 넘게 걸린 것과 차이가 있다.

정부는 전 국민이 준조세로 보험료를 납부하는 국민건강보험 재정을 염두에 두고 협상에 나선다. 국민건강보험 재정에는 한계가 있기 때문에 혁신신약이라 하더라도 제약사의 요구를 모두 들어줄 수 없다. 당장의 재정 안정을 넘어 미래의 지속성까지 고려해야 한다.

하지만 언론이나 환자 단체의 비난은 정부로만 향한다. 키트루다 협상이 결렬되고 환자 단체가 시위를 예고한 당시에 한국MSD는 보도 자료 하나를 배포했다. 제목은 "대만, 키트루다 모든 허가 적응증에 국민건강보험 급여 일괄 적용"이었다. 해당 보도 자료에는 세계 40여 개국에서 키트루다가 이미 급여권에 진입해 있다는 내용이 담겼다. 다만 어떤 기준에 따른 국민건강보험 적용인지, 협상으로 결정된 약값이 얼마인지는 당연히 언급되지 않았다. 그저 우리나라 정부만 키트루다에 대한 국민건강보험 적용을 하지 않고 있다는, 속이 뻔히 보이는 흔한 여론몰이였다.

그런데 이 여론몰이가 통했다. 보도 자료를 받은 제약 전문지 10여 곳에서 복사/붙여넣기 기사를 쏟아냈다. 일부 제약지에서는 '정부의 결단'을 통한 '무조건적 수용'을 촉구하기도 했다. 이런 기사를 접하는 환자나 환자 단체가 정부의 국민건강보험 적용 지연을 비판하는 것은 어찌 보면 당연하다. 제약사가 생명을 담보로 횡포를 부린다고 생각하기에는 그것을 지적하는 언론이 거의 없다. 환자나 환자 단체의 비판이 계속되면 정부는 버티기가 어렵다. 환자들은 질병으로 고통받으며 생명의 위협을 느끼기 때문이다. 국민건강보험의 재정 지속성을 지켜내고 다국적 제약사의 횡포를 막아내야 하는 정부로서는 여론이나 환자 단체의 비판이 너무나 뼈아프다.

내가 비난의 화살이 제약사로도 향해야 한다는 내용의 기사와 사설을 쓰자 다른 제약 전문지 기자가 중립을 이야기한 적이 있다. 지나치게 정부 편에서 기사를 작성하는 것 아니냐고. 신약에 대한 국민건강보험 적용을 결정하는 과정에서 언론의 중립이란 어떤 것일까? 환자들이 고통받고 있으니 정부가 제약사의 요구를 무조건 수용해야 한다고 보도하는 것이 중립일까?

혁신적인 신약에 대한 국민건강보험 적용 관련 기사는 협상하는 양측의 주장을 대등하게 보도하는 일반적인 중립과 성격이 다르다. 기준 이상의 효과가 있는 혁신신약에는 결국 국민건강보험이 적용돼야 한다. 제약사가 요구하는 가격이 너무 높다고 해서 정부가 언제까지나 국민건강보험을 적용하지 않을 수도 없다. 다만 제약사는 대체로 급할 것이 없다. 급한 쪽은 지연되는 동안 고통받는 환자를 바라봐야 하는 정부다.

양쪽 주장의 양적 차이도 있다. 제약사는 자사의 주장을 담은 보도 자료를 매일같이 찍어낸다. 제약사들의 협회도 보도 자료를 낸다. 반면 정부는 모든 개별 의약품에 일일이 대응하기가 어렵다. 자연스레 언론 보도와 여론이 한쪽으로 기운다.

내 기사가 중립적이지 않다고 지적한 다른 제약 전문지 선배 기자에게 말했다. "혁신적인 신약에는 결국 국민건강보험이 적용될 겁니다. 환자들이 생명을 걸고 기다리고 있잖아요. 그렇다고 정부가 다국적 제약사의 요구를 무조건 들어줄 수는 없습니다. 건보 재정에는 한계가 있으니까요. 의약품에 대한 정보도 다국적 제약사만 가지고 있습니다. 외국에서 어떻게 판매되고 있는지도 다국적 제약사만 알고 있어요. 이미 한쪽이 극도로 불리한 싸움입니다. 게다가 정부가 지키려는 것은 매달 우리 월급에서 소득세처럼 원천징수되는 준조세예요." 그러고 나서 물었다. "여기서 진정한 중립이 뭘까요?"

1장에서 언급한 바이오젠의 척수성 근위축증 치료제 스핀라자(성분명 뉴시너센)의 예를 다시 살펴보자. 바이오젠은 국민건강보험 적용 협상을 앞두고 'A7 최저가'를 강조했다. A7 국가와 비교해 한국에 최저가로 공급할 것이라는 내용이 담긴 보도자료를 언론에 배포했다. 하지만 A7 국가에서의 스핀라자 가격은 바이오젠만 알고 있었다. 협상이 불발될 경우 A7 최저가를 제시했음에도 정부가 받아들이지 않았다고 할 목적이 다분했다. 아울러 바이오젠은 척수성 근위축증 환아의 사망 소식도 계속 언론에 전했다.

언론이 제약사의 A7 최저가라는 주장과 환아 사망 소식을 받아서 보도하는 것이 과연 중립일까? 아니면 누워 있던 환자를 일어나 앉게 하고 앉아 있던 환자를 일으켜세우는 약물 스핀라자가 너무 비싸지는 않은지, 보험 적용에 사회적 합의가 필요한 것은 아닌지 지적하는 기사가 중립일까?

바이오젠의 스핀라자는 당시 척수성 근위축증에 유일한 치료제였다. 말 그대로 부르는 게 값이었다. 의료 기술 평가에 있어 세계적 공신력을 지닌 영국 국립보건임상연구원(NICE) 또한 스핀라자가 실질적 효과를 지녔지만 가격이 지나치게 높다며 급여권 진입을 막은 적이 있다. 이에 대한 보도는 중립일까 아닐까?

바이오젠의 자료에 따르면 스핀라자는 2019년 2조 원에 육박하는 매출을 올렸다.[54] 하지만 투자금을 회수했는지는 알 수 없다. 흔히 의약품 연구개발비의 최대치를 1조 5000억 원 수준으로 가늠하지만 실제 비용은 알 수 없다. 다국적 제약사들은 의약품 연구개발비를 철저히 비공개로 한다. 모든 정보는 그들만 가지고 있다. 따라서 정보의 중립이 이루어지지 않은 상태에서 협상이 진행된다.

여기에 환자 단체의 활동이 더해진다. 대부분의 다국적 제약사는 환자 단체를 관리한다. 그들은 환자의 어려움을 듣고 더 나은 혜택을 줄 목적으로 환자 단체와 교류한다고 말한다. 정말 그럴까? 다국적 제약사의 환자 단체 관리에는 대행사가 엮여 있다. 대행사를 거치는 이유는 자명하다. 환자 단체 관리라는 표현이 적절하지 않을뿐더러, 환자 단체에 대한 재정 지원이나 단체 대표 선거 로비를 제약사가 직접 할 수는 없기 때문이다.

홍보 대행사에서 모 다국적 제약사의 주력 의약품인 항암제를 담당한 이의 예가 있다. 의뢰인인 다국적 제약사 마케팅 담당자가 저녁 자리에 불러 나가보니 환자 단체 대표가 함께 앉아 있었다. 그 자리가 어색할 것은 없었다. 그 단체 대표에 대한 금전적 지원을 대행한 적도 있었기 때문이다. 저녁 자리는 유흥주점으로 이어졌다. 그 다국적 제약사의 지상 과제는 해당 의약품에 대한 국민건강보험 적용이었다. 환자 단체가 나서서 정부를 흔들어준다면 협상에서 유리한 위치에 설 수 있었다. 단체 대표에 대한 금전적 지원이나 유흥주점 접대는 보험 적용으로 얻을 수 있는 결과와 비교할 바가 아니었다.

충격적인 이야기가 아니다. 환자 단체가 제약사에 금전적 지원을 요구하는 것은 업계 모두가 아는 비밀이다. 환자 단체와의 접촉에는 대부분 금전적 요구가 따른다. 제약사는 비용 처리라는 난감한 문제를 홍보 대행사를 통해 풀어낸다.

이런 상황에서 국민건강보험 적용이 지연되면 환자 단체의 비난이 어디로 향할까? 정부는 책임을 묻기가 쉽고 환자 단체의 목소리에 큰 부담을 느낀다. 제약사는 그런 환자 단체의 돈줄이다.

이것은 모든 환자 단체의 활동을 폄훼하려고 하는 이야기가 아니다. 환자 단체의 활동은 의료 시스템에서 반드시 필요하다. 환자들의 힘을 모아 권리 보장과 더 나은 삶의 질을 향한 목소리를 내야 한다. 하지만 현재 환자 단체의 활동 가운데 제약사의 자금이 들어가지 않은 것이 있는지 확인이 필요하다.

환자 단체 관계자에게 국민건강보험 적용 지연에 대한 책임이 다국적 제약사에는 없는지 물은 적이 있다. 그는 "다국적 제약사는 우리가 시위한다고 약값을 낮추지 않는다. 한국 지사가 결정할 수 있는 것도 아니지 않나. 생명이 걸린 환자들이 있다. 우리는 그저 빨리 협상이 끝나서 환자들이 혜택을 받길 바랄 뿐"이라고 답했다.

의약품에 대한 국민건강보험 적용 협상은 제약사가 독점한 의약품 정보, 제약사의 보도 자료를 받아쓰는 언론사, 제약사의 지원을 받는 환자 단체 등으로 인해 모든 면에서 기울어져 있다. 의약품이 혁신적이고 독점적이면 기울기가 더 심해진다.

우리나라에서는 전 국민이 함께 부담하고 함께 혜택을 보는 국민건강보험 약값을 국가가 통제한다. 약값 관리가 외국에 비해 잘 이루어지고 있는 편이다. 그래서 정부가 약값 협상에서 큰 힘을 발휘하는 것처럼 보일 수 있다. 하지만 실상은 환자와 국민건강보험 재정, 국민 여론을 동시에 고려하면서 다국적 제약사라는 골리앗에 맞서야 하는 다윗이다.

약값 협상에 대형 로펌까지 동원하는 다국적 제약사

다국적 제약사를 상대로 한 정부의 약값 협상은 최근 더 어려워지고 있다. 이른바 국내 5대 대형 로펌(law firm)들이 다국적 제약사의 의뢰를 받아 신약 약값 협상을 돕고 있기 때문이다. 다국적 제약사 입장에서는 자사의 신약에 대한 국민건강보험 적용에 수백억 내지 수천억 원에 달하는 매출이 걸려 있다. 약값의 작은 인상이나 조금이라도 유리한 보험 급여 기준이 실제 매출과 수익에서는 큰 차이로 이어진다.

2000년대 들어 세계 제약 산업의 신약 개발 경향은 '환자 맞춤형'이라고 할 수 있다. 환자의 상태를 면밀히 진단해 특정 유전자의 발현이나 암세포 증식의 원인 등을 분석하고 그에 맞는 약물을 투여해 치료 효과를 높이는 방식이다. 비소세포폐암에서 EGFR, ALK 등의 유전자 변이를 확인해 표적 항암제로 치료하는 것이 대표적이다. 최근에는 KRAS(Kirsten rat sarcoma viral oncogene homologue) 유전자 변이에 맞는 치료제도 개발돼 이용되고 있다. 해당 변이가 있는 환자들은 기존 표준치료제보다 효과가 더 좋은 맞춤형 치료로 높은 효과를 기대할 수 있다.

그런데 이 '환자 맞춤형' 신약은 문제를 동반한다. 대상 환자 수가 줄면서 약값이 천정부지로 뛰어오른다는 점이다. 과거에 희귀 질환에 국한돼 개발되던 초고가 신약의 종류도 급격히 늘어나고 있다. 다국적 제약사들은 높은 약값의 이유로 연구개발비 회수를 제시한다. 대상 환자 수가 적고 사용 가능한 조건도 까다로워 연구개발비를 회수하려면 약값이 높을 수밖에 없다는 것이다. 그런 신약이 잇따라 국내에서 허가를 취득하자 국민건강보험 적용을 위한 협상이 더욱 복잡하고 어려워지고 있다.

이에 2010년대 후반부터 대형 로펌들이 협상 전문성을 앞세워 정부와의 협상에 제약사를 대신해 나서고 있다. 김앤장, 광장, 율촌 등은 전문위원이라는 약값 전문가들을 스카우트했다. 이 전문위원들은 다국적 제약사의 약가 관리(Market Access, MA) 부서에서 국민건강보험 급여 관련 업무를 하던 인사와, 정부 기관에서 보험 약가 관련 업무를 맡았던 인사로 나뉜다. MA 출신 전문위원은 다국적 제약사에서 하던 일을 이어 한다고 볼 수 있다.

대형 로펌의 MA 출신 전문위원이 제약 전문지 기자들과 만난 자리가 있었다. 인터뷰나 취재는 아니었고, 약값 제도에 대해 기자들을 교육하려는 자리였다. 무슨 이야기를 할지 궁금해 참석했다. 약값 제도와 관련해서는 특이점이 없었다. 다만 논조는 명확했다. 정부의 무능 혹은 무책임 때문에 환자들이 피해를 보고 있다고 역설했다. 책정된 약값이 있는데 정부가 무조건 낮추려고만 한다고 했다.

문득 궁금한 점이 있어 물었다. "책정된 약값이라는 것은 다국적 제약사가 정하는데 이를 적정 약가라고 볼 수 있을까요? 개발 원가 이야기도 하셨는데, 다국적 제약사가 개발 원가를 공개하지 않는 상황에서 그저 믿어야 한다는 말로밖에 들리지 않네요."

적막이 흘렀다. 전문위원의 얼굴이 벌겋게 달아올랐다. 그와 친분이 있는 기자도 여럿 있었고, 기자를 교육하는 자리로 알고 왔으니 예상치 못한 질문이었을 것이다.

대답은 미끄덩했다. "오늘 이 자리는 논쟁하는 자리가 아니니, 넘어가도록 하겠습니다."

그 자리에서 MA 출신 로펌 전문위원에 대해 어느 정도 파악할 수 있었다. 다국적 제약사에서 회사의 목적을 달성하기 위해 정부와 협상하던 MA 시절에 비해 발전도, 인식 변화도, 역할 확장도 없었다. 로펌이 국민건강보험 적용 협상에 뛰어든다 하더라도 MA 출신 전문위원은 큰 변화를 이끌 수 없다.

문제는 정부 관료 출신 인사들이다. 2017년 말 건강보험심사평가원 약제관리실장이 사직서를 제출했다. 건강보험심사평가원에서는 일반적으로 정년 후에 임원 승진 여부를 결정한다. 그는 정년이 1년밖에 남지 않았고 경력을 고려할 때 임원 승진이 무난할 거라는 평가를 받았다. 그래서 그의 사직에 의구심을 가진 이가 많았다.

그리고 다시금 들려온 소식에 건강보험심사평가원은 물론이고 보건복지부까지 발칵 뒤집혔다. 그가 대형 로펌으로 간다는 소식이었다. 그 대형 로펌은 면역 항암제를 비롯한 다수의 대규모 약값 협상에 관여하고 있었다.

사직에 대한 의구심이 풀렸다. 공직자윤리법과 그 시행령에 따르면 4급 서기관 이상 공직자는 퇴직 후 3년 이내에 관련 업계에 취업할 수 없다. 하지만 준정부기관에는 이 법이 적용되지 않는다. 건강보험심사평가원은 준정부기관이다. 건강보험심사평가원 임직원은 국민이 납부하는 보험료로 운용되는 국민건강보험 재정에 관여하지만 공무원은 아니다. 건강보험심사평가원 임원에게는 퇴직 후 3년간 관련 업계 취업 불가 조항이 적용되지만 실장으로 퇴직하는 자의 취업을 제한하는 규정은 없다. 임원 승진 이전에 건강보험심사평가원을 나오면 곧바로 관련 업계에 취업할 수 있다.

그 실장은 건강보험심사평가원에서 국민건강보험의 신약 약값을 합리적으로 조정하기 위한 전략이나 계획을 세우는 일을 주도했다. 자연히 약값 협상에 나서는 정부의 카드를 모두 쥐고 있었다. 이런 그가 로펌으로 자리를 옮긴다는 소식에 약값 협상을 진행해야 하는 보건복지부와 건강보험심사평가원은 모두 당황했다. 어제 정부의 협상 전략을 짜던 인사가 내일 맞은편에 앉아 제약사의 이익을 도모하는 역할을 할 것이기 때문이다.

다국적 제약사가 그가 가진 정보를 무기로 들고 협상 테이블에 앉는다면 판도가 완전히 달라질 수 있었다. 그러면 그는 국민이 내야 할 약값이 높아지는 데 일조할 것이 분명했다. 일조라는 표현은 그가 가진 정보와 능력을 과소평가한 것일 수도 있다. 그가 국민이 낸 세금으로 월급을 받으며 체득한 모든 것이 국민에게 피해를 주는 데 쓰일 수 있었다. 결국 그는 대형 로펌으로 이직했다. 건강보험심사평가원은 뒤늦게 퇴직자 윤리 서약 등 대책을 강구했지만 이후로도 강제 규정은 만들어지지 않았다.

당시 건강보험심사평가원의 다른 실장급 인사에게 그의 이직에 대한 생각을 물은 적이 있다. 돌아온 대답은 “같은 심평원 사람이 근사하게 떠나며 후배들에게 길을 열어준다고 생각한다"였다. 세금으로 운영되는 기관의 고위직 인사가 가진 가치관이었다.

대형 로펌들은 정부 기관 출신 인사들을 계속 영입했다. 건강보험심사평가원 임직원뿐 아니라 보건복지부 국장, 차장 출신 등도 포함됐으며, 식품의약품안전처에서 자리를 옮긴 인사도 여럿 있었다. 국내 제약 산업에서 대통령 역할을 한다는 보건복지부 보험약제과장의 이직도 있었다. 국민건강보험 재정 지속성을 위한 기등재 의약품 재평가, 복제약 약가 차등제, 면역 항암제 급여 기준 변경 등의 정책을 관장해 온 인사였다. 다국적 제약사는 물론이고 국내 제약사에도 두려운 존재였다. 그가 로펌으로 자리를 옮긴 것은 충격적인 소식이었다. 원래 변호사 출신인 데다 개인적인 사정이 있었지만, 공익이나 국민건강보험 입장에서는 손해가 컸다. 로펌이 그를 영입하기 위해 어떤 계약 조건을 제시했는지는 알 수 없다. 하지만 엄청난 비용을 들이면서까지 정부 기관 출신 영입에 열을 올리는 데에는 이유가 있을 것이다. 그만큼 신약에 대한 국민건강보험 적용 협상에서 정부의 어려움이 커지고 있다.

한국에서는 특허 만료 원조약의 매출이 만료되지 않는다

다국적 제약사는 이처럼 정부와의 약값 협상에서 유리한 고지를 차지하고 있다. 그런데 더 큰 무기는 '급할 게 없다'는 것이다. 우리나라 시장에서는 신약 매출 증대가 아니어도 엄청난 수익원이 존재한다. 미국이나 유럽 등지의 빅 마켓에서 다국적 제약사의 수익은 특허가 만료되지 않은 의약품을 중심으로 한다. 특허가 만료되면 대형 유통망을 가진 업체 몇몇이 복제약을 박리다매로 시장에 푼다. 그러면 원조약 제약사는 해당 의약품의 마케팅을 종료한다. 낮은 가격으로 복제약과 경쟁하기엔 타산이 맞지 않는다. 다국적 제약사는 복제약과 경쟁하기보다 줄어든 매출을 메울 새로운 특허 의약품을 만들어 기존 약을 대체하거나 시장을 개척한다. 새로운 특허 의약품을 만들어내는 것은 신약 개발을 의미하므로 쉬운 일이 아니다. 기존 약을 대체할 새로운 의약품이 없으면 해당 시장을 포기하게 되며 원조약은 뒤안길로 사라진다. 빅 마켓에서 특허가 만료된 원조약의 일반적 수순이다.

그런데 이 과정이 우리나라에서는 진행되지 않는다. 다국적 제약사는 우리나라 시장에서 원조약의 특허가 만료되더라도 마케팅을 이어간다. 거둘 수 있는 수익 규모가 여전히 상당하기 때문이다. 우리나라의 특허 만료 의약품 시장은 죽지 않는다. 원조약의 특허가 만료되어 복제약이 쏟아져나오더라도 원조약의 판매량이 그다지 줄지 않는다. 복제약 때문에 국민건강보험 적용 약값이 떨어지면서 매출이 줄어들긴 한다. 복제약이 출시되면 원조약 약값이 기존 가격의 70퍼센트가량으로 떨어진다. 그로부터 1년이 지나면 53.55퍼센트까지 다시 한 번 떨어진다.

그래도 원조약의 경쟁력은 유지된다. 그 비결은 앞에서 설명했듯이 복제약과 원조약의 약값이 같아지기 때문이다. 약값이 같은데도 원조약 대신 복제약이 처방되는 것을 두고 국내 제약사들은 영업력 덕분이라고 주장할 수 있지만, 리베이트 같은 불법적인 수단이나 비윤리적 방식을 의심하지 않을 수 없다. 수십 종의 복제약이 쏟아져나오더라도 원조약의 판매량에 장기적으로 영향을 미치는 경우는 드물다. 국내 복제약 가격 책정 구조에서 복제약의 지배력이 커지는 것은 의아한 일이 아닐 수 없다.

제약사는 마음만 먹으면 복제약 가격을 낮출 수 있다. 하지만 어느 제약사도 복제약 가격을 보험 적용 상한가보다 낮추지 않는다. 제약사는 국민건강보험 적용 약값을 상한가로만 정한다. 국민건강보험이 적용되면 환자 부담은 약값의 30퍼센트 정도가 된다. 그래서 국민건강보험 적용 의약품은 가격에 의한 수요와 공급의 변화가 크지 않다. 국내 제약사들은 복제약 판매를 가격 경쟁력이 아닌 영업력에 의존한다. 적게 팔더라도 많이 남기겠다는 셈법이다.

우리나라에서 원조약은 특허가 만료되더라도 상당한 매출을 올린다. 특허 만료 전에 1000억 원의 매출을 올리던 원조약을 예로 들어보자. 우리나라 시장에서 이 원조약이 특허 만료 1년 후에 기대할 수 있는 매출은 500억 원 이상이다. 빅 마켓에서는 1000억 원의 대부분 사라지지만, 우리나라에서는 절반 이상이 유지된다. 사용량이 계속 늘어나는 만성 질환 치료제의 경우, 특허 만료 이후에 매출이 성장해 이전의 매출을 넘어서기도 한다. 다국적 제약사의 관점에서는 특허가 만료되더라도 매출의 상당 부분을 유지할 수 있는 이상적인 시장이다. 우리나라 제약 시장은 다국적 제약사의 캐시카우(Cash Cow, 지속적이고 안정적인 돈벌이가 되는 고수익 창출원)이다.

이는 의약품 원외처방 자료에 뚜렷이 나타난다. 원외처방 의약품 시장 조사 기업 유비스트에 따르면, 2023년 매출 상위 원외처방약 30개 가운데 2024년 9월 기준 특허 만료 원조약은

의약품명	제약사	2023년 원외처방액	특허 기한
리피토	비아트리스	1957.3억 원	만료
로수젯	한미약품	1788.4억 원	만료
케이캡	HK이노엔	1582.5억 원	2031년
글리아타민	대웅바이오	1545.3억 원	만료
플라빅스	사노피	1260.2억 원	만료
글리아티린	종근당	1118.3억 원	만료
릭시아나	다이이찌산쿄	1052.5억 원	2028년
아토젯	오가논	1021.1억 원	만료
제미메트	LG화학	1003.1억 원	2030년
트윈스타	베링거인겔하임	998.8억 원	만료

표3. 원외처방액 상위 10개 의약품. 유비스트 데이터 재구성.

18개에 달한다.

1957억 원으로 가장 많은 원외처방액을 기록한 비아트리스의 리피토(성분명 아토르바스타틴)와 1260억 원을 기록한 사노피의 플라빅스(성분명 클로피도그렐)는 2012년에 특허가 만료됐다. 원외처방액이 999억 원인 베링거인겔하임의 트윈스타(성분명 텔미사르탄/암로디핀)는 2016년, 963억 원인 에자이의 아리셉트(성분명 도네페질)는 2009년, 935억 원인 길리어드사이언스의 비리어드(성분명 테노포비르)는 2017년에 각각 특허가 만료됐다. 이외에 크레스토(2014년 만료), 엑스포지(2013년 만료), 엘리퀴스(2024년 만료), 고덱스(2019년 만료), 리리카(2017년 만료), 바라크루드(2015년 만료), 노바스크(2003년 만료), 세비카(2013년 만료), 하루날(2013년 만료), 카나브(2023년 만료) 등이 특허 만료 후에도 높은 원외처방액을 기록하고 있다.

대부분은 특허가 최근에 만료된 것도 아니다. 5년 내지 10년 전에, 비아트리스의 고혈압 치료제 노바스크(성분명 암로디핀)의 경우에는 무려 20여 년 전에 특허가 만료됐다. 이 원조약들의 대부분은 특허 만료 시점보다 높은 원외처방액, 즉 매출을 올린다. 특허 만료 후 1년부터 크게 변하지 않은 가격 덕분에 오랜 기간 우리나라 시장에서 다국적 제약사의 캐시카우 역할을 해왔다.

이 원조약들은 주로 만성 질환 치료제다. 만성 질환 치료제는 치료 목적보다 유지 목적이 크다. 다시 말해 일단 투여나 복용을 시작하면 사망이나 수술 같은 특별한 상황이 아닌 이상 계속 사용해야 하는 약이다. 또한 투여하던 만성 질환 치료제는 쉽게 바꾸지 않는다. 특허가 만료되더라도 원조약과 복제약의 약값 차이가 없으니 굳이 바꿀 이유가 없다. 다국적 제약사는 특허 만료 원조약으로 지속가능한 매출을 올릴 수 있다. 해외에서 찾아보기 힘든 시장 구조이다.

한국에자이의 사장과 인터뷰할 기회가 있었다. 한국에자이의 알츠하이머성 치매 증상 완화제 아리셉트는 2009년 특허가 만료됐지만 원외처방액이 늘어나고 있는 대표적인 원조약이다. 인터뷰는 한국에자이를 한국인으로서 5년 이상 이끈 사장에게 초점이 맞춰졌다. 그가 추구하는 조직 문화나 인사 관리 등 경영 철학에 관한 문답이 주로 오갔다. 인터뷰가 끝난 뒤 아리셉트에 대해 따로 질문했다. 일본 에자이 본사에서는 우리나라 시장에서 아리셉트가 여전히 연간 700억 원 이상의 매출을 올리고 있는 것에 대해 어떻게 생각하는지 물었다. 빅 마켓에서 아리셉트는 오래전부터 복제약의 가격 공세에 밀려 매출을 기대할 수 없었다.

질문에 대한 답이 바로 나오지 않았다. 우리나라 시장에서 특허 만료 원조약의 매출이 계속 성장하는 것은 다국적 제약사들이 쉬쉬하는 부분이다. 캐시카우 역할을 톡톡히 하는 우리나라 특허 만료 의약품 시장의 구조가 변하는 것을 원치 않기 때문이다. 한국에자이 사장은 "글쎄요…, 본사에서는 한국 시장에서 아리셉트 매출을 더 올려야 한다고 합니다"라며 웃어 보였다. 그러고는 "한국 시장에서 아리셉트의 매출은 특허 만료 이후에도 적극적으로 이어간 한국 지사의 마케팅 덕분이 아닐까 합니다"라고 하며 멋쩍어했다.

한국에자이 사장도 아리셉트의 매출 배경을 모를 리 없었다. 한국 지사의 마케팅 덕분이라면 특허 만료 후 매출이 성장하는 원조약이 우리나라 제약 시장에 이렇게 흔할 리 없다. 이 현상은 위에서 설명한 바와 같이 특허 만료 의약품의 복제약 가격 정책 때문이다. 다국적 제약사는 이를 적극적으로 활용한다. 국내 제약사는 그저 다국적 제약사가 남긴 콩고물을 나눠 먹으며 만족한다.

건강보험심사평가원이 발간한 「2023년 급여 의약품 청구 현황」에 따르면[55] 국민건강보험에서 지출된 전체 진료비 107조 원 가운데 약품비는 약 26조 원이었다. 그중 신약에 지출된 비용은 20퍼센트에 불과했다. 나머지 80퍼센트는 특허 만료 성분으로 만든 의약품에 지출된 비용이다. 해외보다 특허 만료 성분의 비중이 지나치게 높았다.

이는 복제약 가격을 높게 책정한 데에서 기인한다. 신약 연구개발 능력이 없어 복제약에 의존하는 국내 제약사들을 위한 정책이다. 그런데 복제약의 가격이 높다 보니 특허가 만료된 원조약에도 경쟁력이 생겼다.

의사 400여 명을 대상으로 복제약 적정 가격에 대해 설문을 실시한 적이 있다. 경증 질환을 기준으로 특허 만료 원조약 대비 복제약의 가격이 어느 정도 수준일 때 처방을 고려하겠느냐는 질문이 핵심이었다. 설문 결과, 특허 만료 원조약 약값의 70퍼센트 이하여야 복제약을 처방하겠다는 응답이 전체의 89.4퍼센트에 달했다. 50퍼센트 미만은 51.7퍼센트, 30퍼센트 미만은 13.3퍼센트였다. 약값이 같은 경우에 의사가 원조약을 선택하지 않는 이유는 국내 복제약 제약사의 불법적 수단을 포함한 영업력 외에 설명이 불가하다.

요컨대, 국내 제약사를 위한 복제약 우대 정책이 다국적 제약사의 특허 만료 원조약 매출을 늘려주고 있다. 다국적 제약사는 우리나라에서 신약 매출이라는 월급과 더불어, 그보다 많은 특허 만료 의약품 매출이라는 보너스까지 챙기고 있다. 그들에게 우리나라 복제약 시장은 든든한 캐시카우다.

다국적 제약사는 우리나라에 어떤 기여를 하는가?

2018년 국정 감사에는 다국적 제약사 한국 지사들의 단체인 한국글로벌의약산업협회의 회장이 증인으로 소환됐다. 다국적 제약사 한국 지사들이 우리나라 보건의료 향상을 위해 무엇을 하는지 묻는 자리였다. 한국MSD 대표였던 아비 벤쇼산 회장이 출석했다. 그가 한 답변의 핵심은 "한국 환자들의 신약 접근성을 높이도록 노력하겠다"는 것이었다. 그렇다. 다국적 제약사의 한국 지사가 우리나라를 위해 할 수 있는 가장 중요한 일은 혁신적인 신약을 공급하는 것이다. 우리나라는 최신 혁신신약을 다국적 제약사에 전적으로 의지하고 있다.

아비 벤쇼산 회장의 목소리는 모든 다국적 제약사 한국 지사가 반복해서 강조하는 내용과 일치한다. 우리나라에서 신약 접근성 향상은 국민건강보험 적용을 의미한다. 우리나라에서 국민건강보험 적용 없이 환자 접근성을 높이는 방법은 제약사가 스스로 약값을 낮추는 것밖에 없다. 하지만 그것은 기대하기가 어렵다. 우리나라처럼 제약사들의 신약 개발 역량이 부족하고 건강보험 보험자(국민건강보험공단)를 운용하는 정부가 여론의 영향을 크게 받으면, 약값을 낮추기보다 협상해서 국민건강보험 의약품 급여로 안정적인 수익을 챙기는 것이 유리하다.

다국적 제약사가 말하는 신약 접근성 향상은 우리나라 환자를 위하는 듯 보인다. 하지만 약값을 낮추지 않고 환자를 볼모로 한 협상만 일관한다면 다국적 제약사가 말하는 신약 접근성 향상은 위선일 뿐이다. 국정 감사에서 나온 기여나 공헌과는 어울리지 않는다. 다국적 제약사는 우리나라에 기여하는 방법으로 투자를 이야기하기도 한다. 그들이 말하는 투자는 우리나라에서 진행하는 임상 연구다. 직접적인 재정 투자는 전혀 이루어지지 않는다.

임상 연구를 우리나라에서 진행하는 것은 환자들에게 득이 된다. 아직 출시되지 않은 신약의 약물 후보물질을 접할 수 있는 유일한 방법이다. 세계적으로 주목받는 신약은 대개 시장 규모가 큰 미국과 유럽, 일본 등지에서 먼저 출시된 뒤 우리나라에 들어온다. 우리나라 환자가 국내에서 신약을 이용하려면 좀더 기다려야 한다. 생사의 갈림길에 선 환자에게 시간은 비용과 바꿀 수 없을 만큼 소중하다. 그러니 다국적 제약사가 글로벌 임상시험을 실시하는 국가에 우리나라가 포함되면 환자들에게 혜택이 갈 수 있다.

하지만 이것을 기여라고 볼 수 있을까? 과거에 신약 임상시험은 미국과 유럽을 중심으로 이루어졌다. 하지만 아시아 시장이 커지면서 아시아 각국에서 자국민이 참여한 임상시험 데이터를 요구하게 되었다. 우리나라 정부도 한국인 환자가 참여한 임상시험 결과를 요구한다. 핵심적인 3상 임상시험에 한국인이 포함되지 않았다면, 한국인을 대상으로 한 가교임상시험 결과가 있어야 한다. 가교임상시험이란 해외에서 개발된 신약의 유효성과 안전성을 자국민을 대상으로 평가하여 인종이나 민족 간 차이를 확인하는 임상시험을 말한다.

이를 위해 다국적 제약사는 임상시험에 참여하는 한국인의 비중을 허가 기준보다 높일 수 있다. 그런데 이것이 과연 순전히 한국인 환자를 위해서일까? 우리나라 환자에게 도움이 되는 것은 사실이지만 동아시아인 데이터가 필요한 다국적 제약사에 더 큰 '도움'이 된다. 동아시아는 미국과 유럽 못지않게 시장 규모가 크다. 이 시장에서 신약을 팔려면 어느 국가의 국민에 대한 임상시험 비중을 높여야 다국적 제약사에 이익이 될까?

중국에서 임상 연구를 진행하면 비용은 줄일 수 있다. 하지만 3상 임상시험 데이터의 신뢰도는 어떠할까? 발전을 거듭하고 있지만 여전히 중국에서 나온 임상시험 데이터에 대한 세계의 신뢰도는 낮다. 일본은 어떨까? 임상시험 데이터를 신뢰할 수 있으나 비용이 많이 들고 피험자 모집이 쉽지 않은 것으로 알려져 있다. 그럼 동아시아인을 대상으로 하는 임상시험은 어디서 하는 것이 유리할까? 비용이 그리 많이 들지 않으면서 데이터를 신뢰할 수 있는 나라. 병원과 연구진의 역량이 높고 환자의 치료 순응도도 세계 최고인 국가. 바로 한국이다.

비소세포폐암이나 위암 등 우리나라 사람에게 발병률이 높은 암종의 경우 중추적인 3상 임상시험에 참여하는 한국인의 비중이 시장 규모에 비해 매우 높다. 그렇다면 다국적 제약사가 말하는 임상 연구를 통한 투자 또한 기여라고 보기는 어렵지 않을까? 국내 임상 연구자를 만나서 한국인을 대상으로 하는 임상 연구를 다국적 제약사의 투자로 볼 수 있는지 물었더니 "전임상시험이나 1상 임상시험을 한국에서 진행할 수 있도록 지원하는 것은 투자로 볼 수 있다. 국내 임상 연구나 제약산업 발전에 매우 도움이 된다"면서도 "3상 임상시험부터는 자사의 의약품 개발, 혹은 현지 데이터 마련을 위한 목적이 커지는 것이 사실"이라고 답했다.

이를 두고 우리나라에 기여하고자 하는 다국적 제약사의 활동을 폄훼하는 것이라고 주장할 수 있다. 하지만 다국적 제약사에게 한국 시장은 기여할 곳이 아니라 이익을 추구할 곳일 뿐이다. 확실한 근거가 있다. 본사로 보내는 과도한 배당금과 원가율 조정을 이용한 탈세 의혹이다.

다국적 제약사의 한국 지사는 본사가 대부분의 지분을 보유한 법인으로 운영된다. 한국 지사의 이익이 커지면 일부 금액을 배당 형태로 본사에 송금한다. 여기서 배당성향이 문제가 된다. 배당성향이란 당기순이익 대비 현금 배당금 총액의 비율을 의미하며 배당 지급률 또는 사외 분배율이라고도 한다.

이 문제로 가장 큰 논란을 일으킨 다국적 제약사는 GSK다. 한국GSK는 2016년 당기순이익의 378퍼센트라는 높은 배당성향을 보였다. 당기순이익의 378퍼센트를 본사로 송금했다는 의미다. 당시 한국GSK의 당기순이익은 132억 원에 불과했지만 본사 송금은 500억 원에 달했다. 2017년에도 한국GSK는 당기순이익 88억 원의 170퍼센트인 120억 원을 본사로 보냈다. 이 같은 배당성향은 5년 주기로 이어지고 있다. 한국GSK의 2013년 배당성향은 200퍼센트였으며 2014년에는 3,000퍼센트라는 비상식적인 수치를 기록하기도 했다.

이는 한국GSK가 4~5년간 우리나라 시장에서 벌어들인 수익을 본사에 납입한 방식이라고 할 수 있다. 이 방식을 불법이라고 보기는 어렵다. 한국GSK가 우리나라 시장에서 누적한 이익잉여금은 2011년 1900억 원이었다. 이것이 2018년에 650억 원까지 줄었다. 한국 내 재투자 혹은 환자 프로그램 확대 등에는 사용되지 않고 대부분 본사 배당으로 소진됐다. 다국적 제약사가 말하는 기여나 공헌과는 거리가 멀다.

2018년 한국GSK는 희망 퇴직 프로그램(ERP)을 통해 직원들을 내보냈다. 이 또한 불법은 아니다. 하지만 그 해에도 한국GSK의 본사 송금액은 전년과 동일했다. 이런 과도한 본사 배당 때문에 "배당은 주주 환원 정책으로 투자자에게 정당한 이득을 돌려주는 것이다", "본사가 연구개발이나 영업 활동에 재투자해 한국 사회에 혜택이 돌아가고 있다", "임상시험 비용을 본사로부터 받고 있다"라는 한국GSK의 답변은 설득력이 없다.

한편 수년간 본사에 배당을 적게 하거나 전혀 하지 않은 다국적 제약사도 있다. 본사 송금액이 적은 다국적 제약사 한국 지사는 우리나라에 기여하고 있을까? 본사 송금을 하는 쪽은 오히려 양반이라고 할 수 있다.

발기부전 치료제 '비아그라'로 유명한 화이자의 한국 지사인 한국화이자제약은 2020년 212억 원의 당기순손실이 발생했다. 매출은 전년도의 3500억 원에서 3919억 원으로 12퍼센트 성장했지만 실질적으로는 적자였다. 2019년의 당기순이익은 270억 원이었다. 적자의 원인은 법인세와 잡손실 항목이었다. 법인세 비용은 2019년 60억 원에서 2020년 271억 원으로, 잡손실 비용은 1억 원에서 99억 원으로 크게 늘었다.

한국화이자제약은 감사 보고서에서 "과거 회계 기간에 대한 세무 조사 결과를 통지받아 당기의 법인세 비용과 잡손실로 인식하였습니다"라고 밝혔다.[56] 다시 말해, 2020년 진행된 세무 조사에서 추징 세금이 발생했고, 이를 법인세 비용과 잡손실에 포함했다는 내용이다. 전년과 비교해 추정해보면 추납한 금액이 300억 원이 넘는다. 연 매출 약 4000억 원에 달하는 한국화이자제약은 왜 300억 원이 넘는 세금을 추가로 납부해야 했을까? 원인은 이전가격 원가에 있었다. 이전가격이란 대기업 계열사 간, 또는 모회사와 자회사 간에 거래되는 원재료, 제품, 용역에 적용하는 가격이다. 다국적 제약사의 한국 지사가 본사로부터 수입하는 완제 의약품의 가격도 이에 해당한다. 수입 원가가 높으면 한국 지사의 이익은 감소한다. 이익이 감소하면 세금도 줄어든다.

우리나라에서 100만 원에 판매되는 의약품이 있다고 하자. 다국적 제약사의 한국 지사는 본사로부터 90만 원에 수입했다고 주장한다. 그럼 한국 지사가 제품을 판매해서 얻는 이익은 10만 원이 된다. 하지만 본사로부터 80만 원에 수입하면 이익이 20만 원이 된다. 한국 지사의 잉여금이 차이가 나고 세금도 달라진다. 수입 원가를 부당하게 높이면 세무 당국은 세금을 추징할 수 있다.

한국화이자제약의 수입 원가를 살펴보자. 한국화이자제약의 감사 보고서에 따르면, 원가율이 2015년 69.3퍼센트, 2016년 70.8퍼센트, 2017년 69.7퍼센트, 2018년 71.3퍼센트,

2019년 72.4퍼센트, 2020년 75.0퍼센트로 계속 높아졌다. 반면 본사 배당금은 적었다. 2018년 4월 한국화이자제약은 2017년 매출에 따른 본사 배당금으로 797억 9400만 원을 송금했다. 그런데 2018년을 제외한 최근 6년간 한국화이자제약의 본사 송금액은 매년 1200만 원이었다. 이마저도 의결권 방어를 위한 우선주 배당(본사 소유 1만 2000주, 주당 1000원)이었다. 본사의 수익을 위해 배당금 대신 원가율을 높였다는 의심이 가능하다. 한국화이자제약의 영업 이익이 적자로 전환된 시점은 원가율이 70퍼센트를 넘어선 지난 2018년이다.

당시 세무 당국 관계자에게 인터뷰를 요청했다. 그는 "국내에서 벌어들인 소득에 대해 세금 납부 없이 외국으로 이전한 혐의가 있는 일부 다국적 기업을 대상으로 세무 조사에 착수했다"라고 하며 "정기 조사나 수시 조사를 통해 이전가격에 문제가 있다고 판단되는 곳은 세금 추징에 들어갈 것"이라고 말했다. 그해에 한국MSD에도 198억 원의 세금이 추징됐고, 다음 해에는 한국노바티스에 258억 원이 추징됐다.

원가율을 과도하게 높이는 방식으로 본사가 이익을 가져가는 것은 그간 우리나라에서 다국적 제약사가 펼친 주장들과 배치된다. 그들은 우리나라 정부가 요구하는 약값이 지나치게 낮아 혁신적인 치료제에 대한 환자의 접근성이 떨어진다고 주장해 왔다. 하지만 그들의 한국 지사가 본사에 지급하는 원가가 지나치게 높은 상황에서 그런 주장을 어떻게 해석해야 할까? 그들에게는 우리나라 환자의 신약 접근성보다 본사의 이익이 우선이다.

이와 관련한 질문에 한국화이자제약은 “회사는 정상 가격 산출 방법 중 회사 거래 조건을 고려한 가장 합리적인 방법을 선택해 적정 매출 총이익률 및 적정 영업 이익률을 실현할 수 있도록 이전가격을 결정하고 있다. 세부 항목은 구체적으로 답변할 수 없다”라고 답했다.

이러한 그들은 우리나라 환자의 약제비 부담을 높이고 세금을 탈루하려 한다는 의혹에서 벗어날 수 없을 듯하다.

4장

리베이트와 과잉 처방, 그리고 약물 오남용

“

외국 의사들은

제약회사와 우리나라 의사들의

인센티브 관계를 의심한다.

”

앞에서 복제약에 의존하는 우리나라 제약 산업의 부실하고 절망적인 구조를 살펴보았다. 이것은 신약 개발 능력이 없는 국가들의 일반적인 모습이라고 할 수도 있지 않을까? 우리나라 제약 산업은 복제약 판매로나마 성장해 왔으니 앞으로 주요 문제점을 해결하면 큰 폭의 성장을 기대할 수도 있지 않을까? 지난 코로나19 팬데믹 시기에 국내 제약사들의 주가가 치료제 개발에 대한 기대감에 폭등하기도 했다. 우리나라 제약 산업의 가능성에 베팅한 이들이 급증한 덕이다. 팬데믹이 물러간 2024년 현재 국내 어느 제약사도 코로나19 치료제나 백신 개발에 성공하지 못했다. 개발은커녕 초기 단계에서 한 걸음도 내딛지 못했다. 국내 제약사들이 밝혔던 당찬 포부는 주가에만 영향을 줬을 뿐이다. 우리나라 제약 산업이 성장하지 못하더라도 국민 개인에게 아무 영향이 없을지도 모른다. 혁신적인 신약이야 다국적 제약사가 많이 만들어내고 있으니 국내 제약사는 복제약만 만들어도 괜찮아 보일 수 있다.

과연 그럴까?

복제약 레드오션의 최고의 영업 수단, 리베이트

우리나라 제약 산업을 상징한다고 볼 수 있는 단어가 있다. 바로 '리베이트'다. 사전에서 리베이트(rebate)는 "판매자가 지급받은 대금의 일부를 사례금이나 보상금의 형식으로 지급인에게 되돌려주는 일, 또는 그런 돈"으로 설명하고 있다. 적법하고 정당한 리베이트가 일부 존재한다고 해석할 수 있다. 하지만 사전에서는 리베이트의 다른 의미로 "사업자로부터 사업 대금을 수령한 후에 판매자가 사업자에게 주는 뇌물"이라고 명시하고 있다.

뇌물은 곧 불법이다. 우리나라에서는 대체로 리베이트가 두 번째 의미로 사용된다. 특히 의약품 분야는 불법 리베이트가 만연해 있는 듯한 인상을 준다. 매년 어김없이 상당한 규모의 불법 리베이트 뉴스가 언론을 장식하기 때문이다. 2010년부터 불법 리베이트를 제공한 자와 수수한 자를 모두 처벌하는 쌍벌제를 실시하는 등 처벌을 강화해 왔지만 근절은 요원하다. 법망을 피할 수 있는 새롭고 놀라운 수법이 계속 등장한다.

리베이트를 주고받는 자들이나 단속 기관은 모두 알고 있다. 단속 기관이 마음만 먹으면 얼마든지 관련자들을 대거 색출해서 처벌할 수 있다는 것을. 보건복지부 자료에 따르면[57] 2024년 1월부터 8월까지 보건복지부에 통보된 불법 리베이트 연루 의사는 2,758명이다. 그런데 2023년 한 해 동안은 24

명, 2022년에는 49명, 2021년에는 22명에 불과했다. 2024년에 무슨 일이 있었던 것일까? 유독 그해에 불법 리베이트가 증가한 이유는 무엇일까? 의대 정원 문제로 정부와 의료계가 대치했던 상황과 불법 리베이트 연루 의사의 급증을 엮고 싶지는 않다. 다만 공정거래위원회나 경찰이 마음만 먹으면 불법 리베이트를 얼마든지 적발해 낼 수 있다는 것은 알 수 있다.

불법 리베이트를 주고받은 이들을 사실상 모두 처벌할 수는 없다. 면허가 등록된 14만 명의 의사 가운데 이와 전혀 관련없는 이가 얼마나 될까? 300여 개의 국내 제약사 가운데 불법 리베이트를 제공한 적이 없는 곳은 얼마나 될까? 너무나 만연해서 작은 규모의 리베이트는 눈에 띄지도 않는다. 불법 리베이트는 우리나라 제약 산업의 그림자다. 이 그림자는 앞에서 언급한 것처럼 제약 생태계의 구조적 문제에서 비롯됐다. 구조적 문제에서 발생했기에 전수 조사를 실시하거나 형사 처벌, 행정 처분을 강화하더라도 쉽게 사라지지 않는다.

국내 제약사가 생산하는 의약품의 대부분은 국내외 제약 시장에서 경쟁력이 없는 복제약이다. '개량 신약'도 복제약이다. 게다가 원조약의 특허가 만료되면 수십 종의 복제약이 동시에 쏟아져나온다. 그러니 우리나라에서는 복제약이 가져야 할 저가의 이점도 없다. 국민건강보험은 급여 대상 의약품의 환자 본인 부담금을 낮추려고 보험 적용 약값을 낮춘다. 약값이 상대적으로 저렴한 경증 질환 의약품은 의사에게도 환자에게도 약값 변동의 영향이 크지 않다. 그래서 제약사들은 국민건강보험에서 정한 최고치, 다시 말해 보험 적용 상한가로 복제약을 판매한다. 제품의 가격 탄력성이 없는 시장에서 경쟁력 없는 제품 수십 개가 경쟁하고 있으니, 무슨 일이 벌어질지는 불을 보듯 뻔하다.

가장 먼저 예상할 수 있는 것은 약을 처방하는 의사를 포섭함으로써 가격 경쟁 없이 판매를 크게 늘리는 편법이다. 판매 수익의 일부를 포섭에 사용하면 그만이다. 그렇다면 의사를 포섭하는 것이 왜 문제가 될까? 다 같은 복제약이면 약효가 같을 테니 문제가 없지 않을까?

그렇지 않다. 국내 제약 시장과 의료계가 교란되어 불법이 난무하고, 전 국민이 낸 국민건강보험 보험료가 낭비되고, 의사의 과잉 처방으로 환자가 피해를 입는 일들이 일어난다.

감기에 왜 항생제와 위장약을 처방할까?

우리나라는 외국에서 부러워하는 공공 의료보험인 국민건강보험을 운용하고 있다. 전 국민이 의무적으로 국민건강보험에 가입돼 보험료를 납부하고 필요에 따라 같은 혜택을 누린다. 의사의 진료를 받으려면 수개월을 대기해야 하는 유럽 국가나, 고가의 민간 보험에 가입하지 않으면 엄청난 의료비를 감당할 수 없는 미국 같은 선진국들보다 훨씬 나은 시스템이다.

하지만 이렇게 훌륭한 시스템에도 문제는 있다. 환자가 부담하는 금액이 적기에 경증 질환에도 병원을 찾는 이가 많다. 건강보험심사평가원 자료에 따르면[58] 2023년 감기 항목으로 병원 진료를 받은 환자는 1922만 명으로, 진료비에 들어간 요양 급여 비용 총액이 1조 2462억 원에 달했다. 이에 일각에서는 감기 같은 경증 질환에는 국민건강보험을 적용하지 말아야 한다는 의견도 나왔다. 그러면 중증·희귀 질환에 대한 보장 범위를 넓히고 국민건강보험 재정의 지속성을 유지할 수 있다고 했다.

하지만 거기에는 국민의 동의가 필요하다. 어떤 이들은 감기에 대한 국민건강보험 적용이 중증·희귀 질환에 대한 보장성 강화보다 중요할 수 있다. 병약자나 노약자는 감기로 죽을 수도 있다. 건강과 생명, 돈과 표심이 걸린 문제다. 감기 환자가 줄면 건물마다 즐비한 1차 의료 기관의 수익이 악화할 수도 있다. 경증 질환의 국민건강보험 적용 제외는 진지하게 논의하기 조차 쉽지 않다.

경증 질환자에게 제공되는 과잉 의료는 잘 갖춰진 공공 의료보험이 지닌 문제의 출발점이다. 여기에서 여러 문제가 파생한다. 감기로 찾아간 1차 의료 기관, 즉 동네 병의원에서 약국에 제출하라며 발급해 준 처방전을 자세히 살펴본 적이 있는가? 200여 종의 다양한 바이러스가 일으키는 감기를 치료하지 못하고 단지 증상을 완화하는 해열진통제나 소염진통제, 진해거담제(기침가래약), 항히스타민제(콧물약) 외에 항생제, 위장약 등이 적혀 있을 것이다. 감기 증상을 완화하는 데 소염진통제나 진해거담제를 처방하는 것도 논란거리지만, 항생제와 위장약은 우리나라 의료계만의 특별한 처방이나 다름없다.

바이러스성 질환에 세균성 질환 치료제인 항생제를 처방하는 이유는? 감기에 걸려 면역력이 약해지면 세균이 증식하여 2차적인 문제를 일으킬 수 있기 때문이라는 흔치 않은 궤변이 가능할 수 있지만 감기에 걸리면 면역계가 자극되어 총동원령이 내려진다. 항생제를 처방해야 하는 상태라면 진단명이 감기가 아닐 수 있다. 오히려 항생제의 부작용을 더 걱정해야 한다.

감기약에 위장약을 포함하는 이유는? 위장 장애가 대표적인 부작용인 소염진통제와 항생제 등을 복용하려면 예방 차원에서 위장 보호제를 함께 먹어야 한다는 또 다른 궤변이 가능하다. 약의 부작용을 예방하기 위해 다른 약을 먹어야 한다는 주장을 국제 학회에서 발표할 용기 있는 의사가 있을까? 그런데 어떡하나, 위장약에도 부작용이 있는데. 환자에게 불필요하게 먹이는 약의 위장 장애 부작용을 숨기기 위한 목적이라면 일단 납득은 갈 수 있겠다. 항생제 오남용은 세계적으로 심각한 문제로 다루어지고 있다. 최근에 항생제 사용량이 줄고 있다고 하지만, 여전히 우리나라 병의원에서는 감기 환자에게 루틴하게 처방하고 있다.

의약품, 특히 의사만 처방할 수 있는 전문의약품은 기본적으로 위험한 물질이다. 약효나 안전을 위해 적응증, 용량, 용법을 철저히 지켜야 하고 심각한 부작용도 경계해야 하기 때문이다. 많은 의약품은 부작용 발생 기전조차 명확하지 않다. 의약품을 처방하거나 복용할 때는 부작용으로 인한 실(失)보다 효과로 인한 득(得)이 큰지 따져봐야 한다. 일부 국가에서는 감기 같은 경증 질환에 의약품을 처방하는 것 자체를 제한하기도 한다.

이와 관련해 2008년 한국교육방송공사(EBS)에서 방영한 다큐멘터리가 있다.[59] 「감기」라는 제목의 이 다큐멘터리에서는 동일 증상에 대한 우리나라 의사의 처방과 미국, 영국, 독일, 네덜란드 등 서구 선진국 의사의 처방을 비교한다. 영상 속의 피험자는 콧물과 가래, 코막힘, 발열 등의 증상을 각국 의사에게 동일하게 말한다. 그런데 피험자의 증상에 약을 처방한 외국 의사는 한 명도 없다. 다큐멘터리에서 외국 의사들은 감기처럼 자연적으로 낫는 질병에 불필요하게 약을 투여하면 오히려 해가 될 수 있다고 이구동성으로 말한다. 의사가 약 한 알을 처방할 때마다 부작용이 일어날 확률도 그만큼 높아진다고 설명한다.

또 외국 의사들은 피험자가 우리나라에서 일곱 번째로 방문한 병원의 의사가 처방한 1회당 10알의 약물에 놀라며 우려의 목소리를 낸다. 그들은 해당 처방에 포함된 소염효소제, 진해거담제, 항생제 등의 유해무익함을 설명한다. 특히 위장약 처방을 두고는 이상하다는 표현까지 쓴다. 약의 부작용을 막기 위해 다른 약을 먹이는 것은 이해할 수 없다는 반응이다. 항생제 사용에 대해서는 끔찍하다는 표현도 이어진다. 효과를 낼 가능성이 낮은 항생제에 불필요하게 노출시켜 내성만 키울 수 있기 때문이다. 한 외국 의사는 10알 가운데 어떤 약도 본인의 딸에게는 먹이지 않을 것이라 말하기도 한다.

이 다큐멘터리가 방영되자 대한의사협회는 정정 보도, 손해 배상 청구 등 법적 대응을 검토하기도 했다. 의약품을 과잉 처방하는 오남용 문제를 우리나라 의사들만 가볍게 여기는 것일까? 우리나라 의학 교육의 수준을 고려하면 절대 그럴 리 없다. 그럼 왜 우리나라에서만 이런 일이 벌어질까? 그것은 복제약 중심의 제약 산업 구조에서 비롯되어 만연한 불법 리베이트 때문이다. 위의 다큐멘터리에서도 외국 의사들은 제약회사와 우리나라 의사들의 인센티브 관계를 의심한다. 금전적 이해관계 말고는 설명이 안 되는 처방인 것이다.

감기에 가장 흔히 처방되는 비스테로이드성 소염진통제(Nonsteroidal Anti-Inflammatory Drug, NSAID)를 살펴보자. 현재 국내에서 허가된 NSAID는 31종이나 된다. 아스피린, 이부프로펜, 나프록센, 케토프로펜 등이 여기에 속한다. 식품의약품안전처 의약품정보자료에 따르면[60] 2024년 현재 전문의약품으로 등재된 아스피린 성분 제품이 44종, 이부프로펜 제품이 27종, 나프록센 제품이 13종, 케토프로펜 제품이 7종에 달한다. 이외에도 NSAID 성분 제품은 수없이 많다. 이들이 모두 의사의 선택을 기다린다. NSAID 약품들은 성분 간 우월성이나 열등성에 대한 명확한 근거가 없고 대동소이하다.

내가 1차 의료 기관의 의사라면 어떤 NSAID 제품을 처방할까? 많이 수고스럽더라도 약전이나 논문을 찾아보고 가장 신뢰할 만한 제품과 제약사를 가려낼까? 아니면 처방량에 따라 '알값'이라는 리베이트를 주는 제약사의 제품을 선택할까? 제약사의 영업을 대행하는 외부 업체인 CSO(Contract Sales Organization)를 통해 리베이트가 제공되기도 한다. 처방량이 많은 의사에 대해서는 여러 제약사가 리베이트 수수료율 경쟁을 벌이기도 한다. NSAID에 위장약까지 묶음으로 처방하면 수수료율이 더 높아질 경우 어떻게 처방할까? NSAID나 위장약은 부작용이 그리 흔하거나 크지 않다는 사실을 되뇌지 않을까?

일부 의사는 과잉 처방의 이유를 두고 환자가 약을 많이 처방해 주길 원하기 때문이라고 항변하기도 한다. 환자가 원하니 병원 영업도 고려해 과도하게 처방한다는 말이다. 전문의약품은 의사만 처방할 수 있도록 법으로 규정돼 있다. 복용에 따르는 득실이 클 수 있으니 전문가에게 선택을 맡기는 것이다. 환자가 원해서 전문의약품을 많이 처방한다는 말은 탐욕적이고 무책임하고 위험천만한 핑계다. 국민건강보험의 의료 수가가 낮아 알값이라도 받아야 여유 있는 병원 운영이 가능하다고 말하는 편이 오히려 설득력 있다.

성분명 처방을 활성화하면 리베이트가 줄어들까? 성분명 처방은 처방전에 제품명을 명시하는 현행과 달리 성분명을 기재하는 것이다. 대한약사회 등 약사 단체에서 밀어붙이고 있는 정책이다. 이들의 주장에 따르면 성분명 처방을 실시할 경우 의사의 절대적 의약품 선택 권한을 줄일 수 있다. 그러면 의사가 아니라 약사가 동일 성분 제품 가운데 하나를 선택하게 되고 중복 처방도 줄일 수 있다. 하지만 의사들이 성분명 처방을 받아들이지 않을 게 분명하고 약사에게 제공되는 리베이트가 더 늘어나지 않을까?

우리나라 제약 시장에서 복제약 가격 인하 없이는 아무것도 개선될 수 없다. 복제약 가격 인하로 제약 산업의 구조가 바뀌지 않으면 리베이트에 의한 과잉 처방도 사라질 수 없다. 힘없는 환자만 약물 오남용에 무방비로 노출되고 환자 본인 부담금과 보험 재정도 낭비되고 있다.

건강보험료 인상을 부추기는 불필요한 요인

앞에서 언급한 것처럼, 제약계와 의료계의 유착 문제는 환자의 건강에만 피해를 주는 것이 아니다. 재정적인 피해도 야기한다. 의약품비가 전 국민이 납부한 국민건강보험 재정에서 빠져나가기 때문이다. 건강보험심사평가원이 발간한 「2023년 급여 의약품 청구 현황」을 살펴보면[61] 국민건강보험 재정에서 약품비는 2019년 19.3조 원에서 2020년 19.9조 원, 2021년 21.2조 원, 2022년 22.9조 원, 그리고 2023년 25.6조 원으로 늘어났다. 국내 제약사들의 연 매출 40조 원과 다국적 제약사 한국 지사들의 연 매출 10조 원을 합한 국내 제약 시장 전체 연 매출 50조 원 가운데 절반 이상이 국민건강보험 재정으로 채워지고 있는 셈이다.

해당 기간 국민건강보험공단으로 청구된 총 진료비 가운데 약품비의 비중은 24퍼센트 내외이다. 이는 고령화에 따른 총 진료비 증가 속도와 약제비 증가 속도가 대체로 비례했다는 것을 의미한다. 2019년 80.3조 원이던 총 진료비는 2023년 107.5조 원으로 늘었다. 5년간 약제비가 33퍼센트가량 늘어나는 동안 총 진료비도 34퍼센트 늘어났다.

이 시기에 **키트루다**(성분명 펨브롤리주맙), **옵디보**(성분명 니볼루맙), **티쎈트릭**(성분명 아테졸리주맙) 같은 면역 항암제에 대한 국민건강보험 적용이 대폭 확대됐으며, 원샷 치료제로 불리는 **킴리아**(성분명 티사젠렉류셀), **졸겐스마**(성분명 오나셈나젠 아베파르보벡)

단위: 억 원, %

연도	총 진료비	총 진료비 증감률	약품비	약품비 증감률	약품비 비중
2019년	803,157	10.67	193,388	8.24	24.08
2020년	811,236	1.01	199,116	2.96	24.54
2021년	881,395	8.65	212,097	6.52	24.06
2022년	981,212	11.32	228,968	7.95	23.34
2023년	1,074,873	9.55	256,446	12.0	23.86

※건강보험 요양 급여 비용 증감률 대비 약품비 증감률. 총 진료비는 연간 요양 급여 비용 중 행위별 수가의 금액. 행위별 수가 기준(요양 병원 정액 수가, 포괄 수가 등 제외)이며, 약품비는 해당 연도 심사 결정분을 기준으로 보정한 약품비로 실제 청구된 약품비와 차이가 있을 수 있음.

표4. 「2023년 급여 의약품 청구 현황」, 건강보험심사평가원.

등 고가의 신약도 보험 급여권에 들어왔다. 2019년부터 2023년까지 비싸고 사용량까지 많은 신약이 국민건강보험에 잇따라 적용됐다. 면역 항암제와 원샷 치료제는 기존 치료제의 대체품이 아닌 완전히 새로운 의약품이다. 사용할수록 재정 지출이 오롯이 늘어난다. 이 시기에 보험 적용 범위가 확대된 타그리소(성분명 오시머티닙)를 기준으로 해도 약제비가 큰 폭으로 늘어났어야 한다. 하지만 혁신적인 신약이 재정에 미치는 영향은 적었다. 고령화로 환자 수가 늘었다면 신약 약값을 포함한 약제비도 함께 증가했어야 하는데 그렇지 않았다.

왜 그럴까? 그것은 우리나라 제약 시장에서 신약이 차지하는 비중이 낮기 때문이다. 국민건강보험에서 지출되는 약제비의 대부분이 특허 만료 성분 의약품, 즉 국내 제약사들이 쏟아내는 복제약에 쓰이기 때문이다. 2장에서 인용한 「2024년 복제약 의약품 약가 제도 개선 방안」 연구 결과를 다시 살펴보자.[62] 연구 보고서에서는 복제약 의약품에 대해, 같은 주성분으로 중복해서 국민건강보험 급여 목록에 오른 다등재 의약품으로 정의했다.

연구에 따르면, 국민건강보험 급여 목록에 단독 등재된 단일 주성분 신약에 대한 약제비는 2017년 4.7조 원에서 2022년 7.6조 원으로 늘었다. 여기에는 면역 항암제, 표적 항암제 등 새로 도입된 신약에 대한 지출이 포함돼 있다.

문제는 비중이다. 국민건강보험 약제비 중에서 신약에 지출된 금액은 30퍼센트가 되지 않는다. 복제약 의약품 약제비는 2017년 13.5조 원에서 2022년 18.2조 원으로 늘었다. 2022년 복제약 의약품 약값이 국민건강보험 약제비에서 차지한 비중은 70.4퍼센트였다. 2017년 73.9퍼센트에 비하면 다소 줄었지만 계속 높은 비중을 차지했다.

보고서에서는 영국, 독일, 프랑스, 미국, 일본 등 이른바 A7 국가의 복제약 비중도 다루고 있다. 프랑스의 복제약 의약품 비중은 2019년 기준으로 전체 약제비의 18.6퍼센트에 불과하다. 일본은 15.6퍼센트이다. 복제약 사용률이 80퍼센트를 웃

단위 : 조 원, %

구분			약품비					
			2017	2018	2019	2020	2021	2022
약품기 기준	의약품 전체		18.2 (100.0)	19.6 (100.0)	21.2 (100.0)	21.8 (100.0)	23.7 (100.0)	25.7 (100.0)
	단독 등재(a)		4.7 (26.1)	5.1 (26.1)	5.8 (27.5)	6.1 (28.0)	6.6 (27.7)	7.6 (29.6)
	다등재 소계(b)		13.4 (73.9)	14.5 (73.9)	15.4 (72.5)	15.7 (72.0)	17.1 (72.3)	18.1 (70.4)
	복제약 구분	최초 등재	3.7 (20.2)	3.8 (19.4)	4.1 (19.3)	4.2 (19.3)	4.6 (19.4)	4.5 (17.4)
		최초 등재 외	9.8 (53.8)	10.7 (54.6)	11.3 (53.3)	11.5 (52.8)	12.5 (52.7)	13.6 (53.0)
사용량 기준 비중	단독 등재(a)		(24.3)	(24.6)	(25.7)	(26.4)	(26.1)	(25.3)
	다등재 소계(b)		(75.7)	(75.4)	(74.3)	(73.6)	(73.9)	(74.7)
	최초 등재		(18.6)	(18.1)	(17.9)	(18.4)	(18.3)	(17.0)
	최초 등재 외		(57.2)	(57.3)	(56.4)	(55.2)	(55.5)	(57.7)

※연도별 최초 등재/최초 등재 외 의약품 약품비.

표5. 「2024년 복제약 의약품 약가 제도 개선 방안」, 김동숙 교수 外.

도는 영국이나 독일은 복제약 약제비 비중이 각각 30퍼센트(2019년), 23퍼센트(2020년) 정도이다. 우리나라 제약 시장에서 복제약 가격이 얼마나 높게 책정돼 있는지 명확히 알 수 있는 근거이다.

국민건강보험을 도입하던 시기에 우리나라 정부는 복제약의 가치를 높게 책정하여 이를 토대로 국내 제약 산업의 발전을 도모했다. 30~40년 동안 어떤 발전이 있었고 현재의 모습은 어떠한가? 국내 제약사의 신약 연구개발 역량은 너무나 발전이 더뎠고, 전 국민이 보험료를 납부한 국민건강보험과 환자 본인 부담금은 높은 복제약 가격 때문에 제약사의 호주머니만

채워주었다. 제약사는 연구개발에 주력하며 투자하기보다 처방 권한이 있는 의사에게 리베이트를 제공할 궁리만 했다. 그 리베이트는 단순히 제약사의 주머니에서 나온 것이 아니다. 지나치게 높게 책정된 복제약 가격에서 비롯된 것이다. 다시 말해 전 국민이 보험료를 납부하는 국민건강보험 재정과, 거기에 더해 개인이 부담하는 환자 본인 부담금에서 나온 것이다.

리베이트는 과잉 처방이라는 문제도 일으킨다. 과잉 처방으로 불필요하게 지출되는 약제비는 다시 국민 개개인의 재정적 부담을 야기한다. 건강보험심사평가원 자료에 따르면[63] 2021년에 국민건강보험 급여 청구 금액이 가장 컸던 약효군은 이상지질혈증 치료제로 1조 2152억 원이 지출됐다. 세 번째는 고혈압 치료제인 안지오텐신 수용체 차단제(ARB) 계열 복합제로 1조 330억 원, 네 번째는 당뇨병 치료제인 혈당강하제로 1조 197억 원이었다. 이상지질혈증, 고혈압, 당뇨병은 매우 흔한 만성 질환이다. 만성 질환 의약품은 치료제가 아니다. 증상을 완화할 뿐이다. 수술 같은 특별한 중재를 실시하지 않는 한 발병 후 계속 약을 복용해야 한다. 그러니 만성 질환 치료제는 사용량이 많을 수밖에 없다.

위에서 빠진 두 번째 약효군에 주목할 필요가 있다. 소화성

궤양과 위식도 역류 질환 치료제인 위장약. 국민건강보험 급여 청구 금액이 1조 865억 원에 달한다. 의약품의 위장 장애 부작용을 예방하기 위한 약이 한 해 1조 원 넘게 처방되고 있다. 물론 본래 목적대로 치료용으로 처방되는 비중도 상당할 것이다. 하지만 그 비중만으로는 만성 질환에 버금가는 처방액 규모를 설명하기 어렵다.

저출산, 고령화가 본격적으로 진행되면서 국민건강보험 재정의 지속성에 대한 지적이 이어지고 있다. 2028년이면 국민건강보험 재정이 고갈될 것이란 전망이 나오면서 큰 폭의 건강보험료 인상도 예고되고 있다. 하지만 국민건강보험 재정 가운데 한 해에 약 25조 원이나 지출되는 약제비에서 구조적 누수가 발생하고 있다면 누가 건강보험료 인상을 기껍게 받아들일 수 있을까? 관행적으로 우대해 온 복제약 가격과 거기서 발생하는 불법 리베이트로 과잉 처방이 만연하는 구조적 문제를 먼저 해결해야 할 것이다. 건강보험료 인상의 한계는 명확하다. 급격한 출산율 감소와 고령화가 진행되는 상황에서 건강보험료 인상만으로는 국민건강보험 재정 악화를 해결할 수 없다.

국민건강보험 재정이 나빠지면 신약은 급여권에 진입하기가 더 어려워진다. 다국적 제약사의 혁신적인 신약에 대한 우리나라 환자의 접근성이 더 낮아진다는 의미다. 그러면 비급여 약값을 부담할 수 있거나 고가의 민간 의료보험에 가입할 수 있는 사람만 신약의 혜택을 누릴 수 있다.

우리나라 제약 산업의 구조적 문제로 인한 피해는 제약사도 의료계도 아닌 환자와 일반 국민 개개인이 입고 있으며, 그 피해 규모는 점점 더 커질 것이다.

5장

복제약을 넘어 신약으로

“

복제약 제조 역량이 커진다고

신약 연구개발 역량이 커지는 것은 아니다.

”

우리나라 제약 산업의 구조적 문제를 개선하기 위한 해법은 명확하다. 제약사들의 매출 보험이나 다름없는 국민건강보험 의약품 급여 정책을 완전히 바꾸는 것이다. 국내 제약사의 육성이 시급했던 1980년대와 비교하면 지금은 모든 것이 달라졌다. 이제 복제약 우대 정책을 폐기해야 한다.

복제약 우대 정책이 지난 수십 년간 국내 제약 산업의 발달에 기여한 바가 전혀 없었다고 주장하는 것이 아니다. 복제약이 높은 약값을 받을 수 있었기에 우리나라 제약 시장에 돈이 돌았고 복제약이라도 만들 수 있는 제약사 숫자가 늘어났다. 하지만 거기까지였다. 제약 산업이 미래 산업으로 손꼽히며 변화가 필요했던 1990~2000년에도, 세계 제약 산업의 대변혁이 시작된 2000~2010년에도 우리나라 제약 산업은 복제약 우대 정책에만 목매고 있었다. 그리고 국민건강보험 통합 당시 자동차가 하늘을 날아다닐 것이라고 전망했던 2020년대에도 여전히 국내 제약사들은 복제약 판매에만 몰두하고 있다. 달콤한 복제약 중독에 빠져 있다.

당연히 연구개발 역량의 발전은 더뎠다. 새로운 불법 리베이트 수법만 빠르게 발전했다. 국내 제약 시장에서조차 경쟁력이 없어 불법 리베이트로 팔아치우는 복제약이 해외 시장에서 통할 리 없었다. 그저 주가 진작 혹은 기업 이미지 제고를 위한 무의미한 해외 진출 소식만 수십 년간 이어졌다.

국내 제약사에 대한 불합리한 특혜 관행은 이제 멈춰야 한다. 신약 연구개발에 투자하지 않고 복제약 판매로만 막대한 이익을 챙기는 일이 없도록 해야 한다. 글로벌 빅 마켓처럼 우리나라 복제약 시장은 대형 유통사의 박리다매 경쟁 시장이 돼야 한다. 그러면 국민건강보험 의약품 급여 지출이 감소해 재정 건전성이 높아지고 환자 본인 부담금도 줄어든다. 불법 리베이트로 인한 복제약 과잉 처방이 줄어 약물 오남용과 부작용도 예방할 수 있다.

정부도 국내 제약 산업의 핵심 문제가 복제약에서 비롯된 것임을 인식하고 있다. 계속 새로운 복제약 대책을 내놓고 있기 때문이다. 2장에서 설명한 것처럼, 2019년 정부는 기등재 의약품 재평가라는 카드를 꺼냈다. 이미 국민건강보험에 등재된 의약품을 다시 평가해 급여 기준과 가격 등을 재조정하려는 것이었다. 결과는 어떻게 됐을까? 재평가 이후에도, 해외에서 건강 기능 식품으로 판매되는 콜린 알포세레이트는 국내에서 2023년에만 5000억 원 이상의 처방액을 기록했다.[64] 2020년 국민건강보험 급여 기준 축소에 맞서 국내 제약사들은 두 그

룹으로 나뉘어 고시 취소 소송을 진행했으며, 법원에서 집행 정지가 인용되어 새로운 기준 적용이 계속 보류되고 있다. 콜린 알포세레이트 성분 하나를 두고도 정부와 제약사 간의 지리멸렬한 소송전이 이어지고 있다. 따라서 기등재 의약품 재평가는 제약 산업의 구조적 문제를 개선할 적절한 해법이라고 보기 어렵다.

오히려 2020년 7월부터 적용된 새로운 계단식 복제약 가격 인하의 방향이 낫다. 동일 성분 복제약이 많을수록 추가로 등재되는 복제약의 가치를 낮추는 상식이 적용되기 때문이다. 다만 방향이 더 낫다는 것이지 이 제도가 우리나라 제약 산업의 구조적 문제를 근본적으로 해결할 수 있는 것은 아니다. 이 제도를 시행하자 국내 제약사들은 계단식 약가 인하가 적용되지 않는, 동일 성분 순위 20번째 이내로 진입하는 데 골몰하고 있다. 성분별 복제약 숫자만 줄어들 뿐, 국내 제약사들은 계속 복제약에만 목매는 운영을 할 것이다. 원조약과 동일한 약값을 인정받는 복제약이 20개나 허용되기 때문이다.

이마저도 이미 등재돼 판매 중인 복제약에는 적용되지 않는다. 소급 적용되지 않는 복제약들은 여전히 자체 생물학적 동등성 시험과, 등록된 원료 의약품 사용 기준만 따르면 된다. 다시 말해 충분히 긴 '당분간' 변하는 것이 거의 없다.

복제약 가격 인하, 어떻게 해야 할까?

그렇다면 우리나라 제약 시장에서 복제약 가격을 어떻게 낮춰야 할까? 우선 제약사가 복제약을 싸게 팔수록 많은 이득을 가져갈 수 있는 구조를 생각해 볼 수 있다. 현 제약 산업의 구조에서는 제약사가 복제약 가격을 스스로 낮추더라도 아무런 추가 이득이 없다. 의사가 복제약을 처방할 때 약값은 고려 대상이 아니기 때문이다.

금전적 인센티브가 대안이 될 수도 있다. 정부가 설정한 참조 가격보다 저렴한 동일 성분 복제약을 처방하는 의사에게 합법적으로 더 많은 금전적 이익을 주는 것이다. 그러면 우리나라 제약 시장에서도 복제약 간 가격 경쟁이 벌어질 수 있다. 제약사는 복제약 가격을 낮출수록 더 많은 처방과 이익을 기대할 수 있다. 현 시점에서는 참조 가격보다 저렴한 복제약을 처방하는 의사에게 그 차액 전체를 제공할 수도 있다. 제약 산업의 구조 개선이 시급하기 때문이다. 물론 기준이 되는 참조 가격은 정부와 제약사, 의료계, 약사회 등의 협의를 통해 정해져야 할 것이다.

복제약 처방을 늘림으로써 약제비를 낮추려고 인센티브 제도를 운영하는 국가들이 있다. 영국에서는 판매량이 많은 의약품을 정부 권고 제품으로 처방해야 하는 의약품 가격 규제 제도(Pharmaceutical Price Regulation Scheme, PPRS)를 실시하고 있다. 의사의 성과에 따라 금전적 인센티브가 지급된다. 프랑스에서는 약사에게 대체 조제에 따른 인센티브를 지급한다. 하지만 이것들은 원조약과 복제약의 가격이 같고 약사에게 대체 조제 전권이 없는 우리나라에서는 실시할 수 없는 제도이다.

지역 차원에서 각 의사에게 연간 진료 환자당 평균 처방 약제비를 제시하고 성과에 따라 인센티브를 지급하는 독일의 제도도 우리나라의 현실과는 괴리가 있다. 우리나라에서는 동네 병의원이 정부 지원 없이 개인 사업체로 운영되고 있기 때문에 처방 약제비를 제한하는 것은 어불성설이다.

우리나라에 의약품 가격 인센티브 제도가 없었던 것은 아니다. 시장형 실거래가제라고 불린 인센티브 제도가 있었다. 병원이 정부가 정한 상한가보다 낮은 가격으로 의약품을 구매할 경우 차액의 70퍼센트를 국민건강보험 재정에서 인센티브로 지급하는 제도로 2010년과 2014년에 시행됐다. 2010년에는 2년도 안 돼 폐지됐고, 2014년에는 한 달을 채우지 못하고 사라졌다. 약제비의 대부분을 차지하는 원외처방 의약품에 효과가 없었고 제약사에 대한 병원의 갑질이 문제가 됐다. 병원이

제약사에 저가 입찰을 요구하거나 가격을 임의로 통보하는 방식으로 인센티브를 챙겨 제약계의 반발을 샀다. 애초에 실효성이 낮은 정책이었다.

이후 간접적인 인센티브 제도가 시행되고 있지만 유의미한 효과가 있다고 보기는 어렵다. 저렴한 동일 성분 복제약을 처방하는 의사에게 인센티브를 주는 제도가 도입되더라도 부작용은 발생할 수 있다. 불법 리베이트에 의한 과잉 처방이 인센티브 제도에서도 나타날 수 있다. 국민건강보험 재정에 누수가 발생하고 환자가 약물 오남용으로 피해를 볼 수 있다. 그렇다고 부작용을 방지하기 위해 금전적 보상을 줄이면 실효성 없는 제도가 될 수 있다.

우리나라 제약 산업의 구조적 문제는 국민건강보험 의약품 급여 정책의 큰 틀을 변경하지 않고 인센티브 제도만 시행해서는 해결할 수 없다. 복제약 급여 약값을 지금의 절반 내지 5분의 1 수준으로 현저히 낮춰야 한다. 스위스의 제도에서 실마리를 찾을 수 있다.[65] 스위스에서는 원조약의 특허 만료 3년 전 매출액을 기준으로 복제약 가격을 단계별로 책정한다. 400만 스위스프랑(2024년 1월 기준 환율로 약 62억 원) 이하의 매출액을 기록한 원조약의 특허가 만료되면 복제약 가격은 원조약의 80퍼센트, 매출액 400만~800만 스위스프랑 구간은 70퍼센트, 800만~1600만 스위스프랑 구간은 50퍼센트, 1600만~2500만 스위스프랑 구간은 40퍼센트, 2500만 스위스프랑(약 390억 원) 이상은 30퍼센트로 각각 정해진다. 보험 재정 부담이 큰 성분일수록 복제약 가격이 더 낮게 책정된다.

현재 우리나라에서 원외처방액이 가장 큰 의약품은 비아트리스의 이상지질혈증 치료제 리피토(성분명 아토르바스타틴)이다. 리피토는 2009년 특허 만료 이후 100개에 달하는 복제약이 출시됐지만 여전히 연간 2000억 원이 넘는 처방액을 기록하고 있다.[66] 우리나라와 스위스의 인구, 물가, 구매력평가지수(PPP)를 고려하더라도 충분히 최대치에 속한다. 리피토의 특허가 만료된 2009년부터 이 제도를 적용해 저렴한 복제약을 처방했다면 한 성분에서만 국민건강보험 재정 수천억 원이 절약됐을 것이다. 약값 차이가 컸다면 저렴한 복제약 판매는 늘고 비싼 원조약 판매는 줄었을 것이다. 리피토 복제약을 판매하는 제약사들은 타산이 맞지 않아 불법 리베이트에 큰 비용을 들이기 어려웠을 것이다. 불법 리베이트가 줄면 과잉 처방도 줄어들게 마련이다.

거듭 강조하건대, 우리나라 제약 산업의 구조적 문제와 그로 인한 국민건강보험 재정 불건전, 의사의 과잉 처방과 환자의 약물 오남용을 개선할 수 있는 확실한 최우선 방법이 있다. 복제약 가격을 빅 마켓 수준으로 충분히 낮추면 된다.

제약사들은 정부가 일방적으로 복제약 가격을 낮추면 우리나라 제약 산업이 무너질 거라 주장할 수 있다. 복제약 우대 정책이 오랫동안 유지된 가장 큰 이유이자 명분이다. 그들의 주장대로라면 복제약 판매 없이 살아남을 수 있는 국내 제약사는 다국적 제약사 제품을 수입해서 파는 일부 제약사, 몇몇 바이오시밀러 업체와 백신이나 원료 의약품 제조사 등 소수에 불과할 수 있다. 물론 복제약 가격이 떨어져도 판매량이 워낙 많기 때문에 수익이 줄 뿐 실제로 문을 닫는 업체는 원래 영세한 업체들일 것이다. 그런데 복제약 가격을 낮추면 지난 수십 년간 천문학적 이득을 챙긴 제약사 외에 볼멘소리를 하는 이가 있을까? 환자나 일반 국민이 입는 피해가 있을까?

복제약 가격을 낮추면 무슨 일이 일어날까?

복제약 가격을 단계적으로 현재의 절반 수준으로 낮춘다고 가정해보자. 2022년 18.2조 원이 지출된[67] 특허 만료 의약품 보험 급여가 10조 원 아래로 떨어질 것이다. 특허가 만료된 원조약은 가격을 깎지 않더라도 약값 차이로 수요가 줄 것이다.

국내 제약사들의 매출이 8조 원 이상 줄게 되면 복제약 외에 별다른 제품이 없는 다수의 소규모 제약사는 치명적인 타격을 입어 생사의 기로에 놓일 수 있다. 당장은 우리나라 제약 산업 자체가 크게 위축될 수 있다. 이것이 우리 사회에 어떤 영향을 미칠까? 제약계의 단합된 저항으로 의약품 생산과 유통이 중단되어 환자들이 약을 구할 수 없게 될까? 명분이 약하니 장기적으로 그럴 가능성은 높지 않다. 2022년 기준으로[68] 395개에 달하는 완제 의약품 제조사들의 통폐합이 시작될 것이다. 낮은 복제약 가격에도 사업체를 유지할 수 있는 유통망을 갖춘 대형 복제약 업체가 주축이 될 수 있다. 어차피 현재 복제약은 몇몇 공장에서 한꺼번에 생산되어 제약사마다 포장만 달리해 팔리기에 통폐합이 쉽게 이루어질 수 있다. 복제약 생산량과 수급에 별 문제가 없을 것이다.

제약사에서 개량 신약이라고 우기는 복합 제제 복제약도 마찬가지다. 대체할 수 있는 기존 성분이 널려 있다. 환자들은 전혀 피해를 보지 않는다. 원래 복제약은 비쌀 이유가 없다. 제약사를 육성한답시고 원조약만큼 비싸게 매긴 복제약의 약값을 수십 년간 전 국민이 지불해왔다. 복제약 가격이 떨어지면 줄어드는 제약사 매출만큼 국민건강보험 재정과 환자 본인 부담금 지출도 줄어든다. 위에서 가정한 2022년을 기준으로 하면 매년 8조 원 이상 절감된다. 그만큼 전 국민이 내는 보험료를 인하하거나 국민건강보험 재정의 여유와 안정성, 지속성을 확보할 수 있다. 그러면 혁신적인 신약에 대한 국민건강보험 적용을 늘려 환자의 접근성도 개선할 수 있다. 2022년 기준으로 특허가 살아 있는 신약에 지출된 약제비가 7.6조 원이었다.

불법 리베이트의 양상도 달라질 것이다. 복제약 판매로 얻는 수익이 줄어 불법 리베이트에 쓸 여력이 부족해지고, 수십 개에 달하던 복제약 경쟁 제품이 사라져 동기도 약해진다. 리베이트가 줄면 의사의 과잉 처방도 줄어 환자의 약물 오남용과 부작용 문제도 자연스레 완화된다. 정부 지원 없이 운영되는 병의원에서는 일부 환자의 요청과 의사의 판단에 따라 과잉 처방이 이루어질 수 있겠으나 리베이트가 줄면 분명 과잉 처방도 줄어들 것이다.

제약 산업이 정비되어 제약사들이 통폐합되면 제약사에 기생하는 100여 개의 제약 전문지도 정리될 것이다. 우리나라 제약 산업에서 제약 전문지의 역할은 제약사의 '나팔수'에 불과하다. 인터넷 언론 시대에 접어들면서 의사 혹은 약사로 제한됐던 독자가 일반 국민으로까지 확대됐지만, 제약 전문지의 성격은 바뀌지 않았다. 제약사의 홍보 대행사나 다름없이 보도자료 복사/붙여넣기 기사를 쏟아내며 제약 산업의 부조리와 구조적 문제를 감추는 데 일조했다. 언론의 제 기능을 하지 않거나 못하는 제약 전문지의 상당수가 사라지는 것은 환자와 일반 국민에게 득이 된다.

한편 제약계는 과거부터 줄곧 외쳐온 것처럼, (복제약) 매출 감소로 여력이 없어 연구개발에 투자할 수 없다고 주장할 수 있다. 그런데 약 40년 동안이나 도와줬는데도 글로벌 3상 임상시험이 가능한 제약사가 하나도 없다. 복제약 수익률이 떨어지면 유한양행의 렉라자 사례처럼 신약 개발 중개상 역할에라도 주력하는 제약사가 늘어나지 않을까? 복제약 제조 역량이 커진다고 신약 연구개발 역량이 커지는 것은 아니다. 모래밭에서 바늘 찾기나 다름없는 신약 개발을 위해서는 오랜 경험과 투자가 필요하다. 물론 모래밭에서 바늘을 찾자면 노력뿐만 아니라 운도 따라야 하겠지만 기본적으로 바늘을 향한 끈질긴 추구가 있어야 한다. 그러다 보면 비아그라로 단숨에 글로벌 제약사가 된 화이자, 타미플루 등 바이러스 치료제로 연구개발의 가치 혁명을 일으킨 길리어드사이언스, 비만 치료제로 주목 받고 있는 덴마크의 노보 노디스크 같은 기업이 우리나라에서도 나올 수 있을 것이다.

고가의 신약에 대한 환자의 접근성을 높이려면…

우리나라는 복제약에 약제비가 낭비되어 국민건강보험 재정의 누수가 계속되고 있다. 이 누수는 2000년대부터 등장한 초고가 혁신신약에 대한 우리나라 환자의 접근성을 떨어트렸다. 3장에서 언급했듯, 비소세포폐암을 치료하는 면역 항암제 키트루다(성분명 펨브롤리주맙)는 허가부터 국민건강보험 적용까지 4년 넘게 걸렸고, EGFR 변이 비소세포폐암에 대한 타그리소(성분명 오시머티닙)의 1차 치료제 적응증 획득부터 급여화까지는 6년가량 소요됐다. 다국적 제약사의 요구를 정부가 모두 수용할 수는 없지만, 재정에 여유가 있었다면 협상이 더 빨리 진행돼 더 많은 환자가 혜택을 입었을 수 있다. 우리나라 환자들은 기존보다 나은 약효를 임상시험을 통해 몸소 입증하고도[69] 미국종합암네트워크와 유럽종양학회 같은 국제 학회에서 인정하는 표준치료제를 약값 부담 탓에 그 지연 기간 동안 이용할 수 없었다.

키트루다와 타그리소 외에 여러 고가 혁신신약들이 여전히 국민건강보험 적용에 난항을 겪고 있다. 기존 혁신신약들은 새로운 적응증에 효과를 입증하며 급여권을 넓혀가고 있고, 개발 중인 다른 혁신신약들도 속속 출시될 예정이다. 향후 국민건강보험 의약품 급여에서 신약이 차지하는 비중은 점점 더 빨리 증가할 것이 분명하다. 신약 약제비 확대의 어려움을, 보험료 인상으로 해결할 수 없는 국민건강보험 재정의 한계로 치부하기에는 복제약으로 새는 약제비가 너무 크다.

그럼 복제약 가격만 낮추면 혁신신약에 대한 환자의 접근성이 혁신적으로 개선될까? 그것만 가지고는 안 된다. 먼저 국민적 동의가 필요하다. 복제약 급여 지출을 줄여 국민건강보험 재정에 여유가 생길 경우 이를 고가의 혁신신약에 지출하는 것은 다른 문제다. 최근 혁신신약은 소수의 환자를 대상으로 하는 특징이 있다. 다국적 제약사는 소수의 환자를 대상으로 하므로 연구개발에 든 투자금을 회수하려면 약값이 비쌀 수밖에 없다고 주장한다. 초고가 신약은 희귀 질환 치료제인 경우가 많고 특정 유전자 발현 환자군에 초점을 맞춘 항암제도 있다.

초고가 신약을 대표하는 노바티스의 백혈병 치료제 킴리아(성분명 티사젠렉류셀)는 1회 투여에 3억 원 이상이 든다. 최초의 원샷 치료제로 환자와 의료진의 기대가 컸지만, 개인이 부담하기엔 약값이 너무 높았다. 이에 2022년 4월 정부는 킴리아에 국민건강보험을 적용해 환자 본인 부담금을 600만 원 수준으로 낮췄다.[70] 2023년 8월까지 킴리아 투여 후 6개월이 지난 림프종 환자는 130명이었다. 문제는 이 가운데 75퍼센트인 99명 이상의 환자에게 반응(약효)이 나타나지 않았다는 것이다. 킴리아로 실질적 혜택을 입은 환자는 25퍼센트가 채 되지 않았다. 이러한 상황에서 모든 국민이 킴리아 약값에 국민건강보험 재정을 지출하는 데 동의할까?

다른 예를 더 살펴보자. 일라이 릴리의 위암 표적 항암제 사이람자(성분명 라무시루맙)는 2014년 임상시험 RAINBOW 연구의 결과에서 기존 치료제 대비 환자의 전체 생존 기간(OS) 2개월 연장을 확인했다.[71] 이 결과를 바탕으로 미국종합암네트워크와 유럽종양학회를 비롯한 국제 학회들은 해당 적응증에 대한 사이람자 투여를 높은 근거 수준으로 또는 표준치료법으로 권고했다.

하지만 국민건강보험 적용은 지연됐다. 전체 생존 기간 2개월 연장의 가치에 대한 문제가 제기됐다. 환자나 의료진 입장에서는 환자의 삶을 하루라도 연장할 수 있다면 해당 치료법을 간절히 바랄 수밖에 없다. 하지만 국민건강보험 보험료를 함께 납부하는 다른 국민들의 생각은 다를 수 있다. 말기 암 환자의 생존 기간 2개월 연장에 드는 비용의 가치를 따질 수도 있기 때문이다. 환자의 마지막 2개월을 천금과도 바꿀 수 없는 귀중한 시간으로 여기는 사람이 있는가 하면, 일면식 없는 타인의 말기 투병에 반응률 낮은 고가의 신약을 쓰는 데 찬성하지 않는 사람도 있을 수 있다. 이런 고민은 분명히 앞으로 더 늘어날 것이다. 소수의 환자에게 기존보다 훨씬 나은 약효를 발휘하는 고가의 치료제가 계속 개발될 것이기 때문이다.

그런 신약에 대한 환자의 접근성은 현재의 국민건강보험 시스템으로는 개선하기가 어렵다. 대안으로 떠오르는 것은 국민건강보험이 아닌 별도의 기구가 운영하는 기금이다. 영국의 사례가 지향점이 될 수 있다. 영국은 2011년 항암제 기금(Cancer Drug Fund, CDF)에 이어 2022년 희귀 의약품 기금(Innovative Medicines Fund, IMF)을 설치해 운영하고 있다. 이 기금은 정부와 민간 의료 재단, 제약사 등이 출자해 사회적 논의가 필요한 고가의 의약품 약제비를 지원한다. 별도의 기금이기에 전 국민이 납부하는 공공 의료보험의 기능과 책임, 사회적 합의 필요성에서 일정 부분 자유로울 수 있다.

국내에서도 고가 의약품에 대한 환자 접근성 확대 방안이

자주 논의됐다. 21대 국회에서는 암을 비롯한 중증 질환의 신약 보험 급여 확대를 위한 별도 기금을 신설하거나[72] 국가 예산으로 신약 약제비를 지원하는 법안이 발의되기도 했다.[73] 하지만 진전은 없었다. 별도 기금이나 국가 예산을 통한 약제비 지원에 동반되는 부작용 우려를 해소하지 못했기 때문이다. 우선 별도의 예산으로 국민건강보험 비급여 의약품의 약제비를 지원하는 것은 제약사의 급여 등재 의지를 약화할 수 있다. 이는 국민건강보험의 약가 협상력에 악영향을 미칠 수 있다. 별도의 기금이 마련됐다고 해서 제약사가 요구하는 약값을 모두 지불할 수는 없다. 특정 질환에 별도의 예산이 집행되면 다른 질환과의 형평성 문제도 발생할 수 있다. 정부로서는 신중히 접근할 수밖에 없다.

재원 마련에서도 우리나라 제약 산업의 구조적 문제가 발목을 잡을 것으로 보인다. 국내 제약사들의 매출은 신약에서 나오지 않는다. 중증 질환, 희귀 질환 치료제에 대한 환자 접근성은 국내 제약사의 관심사가 아니다. 별도 기금 마련의 한 축이 돼야 할 제약사가 우리나라에는 하나도 없다. 글로벌 혁신신약을 만들어내는 다국적 제약사가 있는 영국의 제약 산업과는 큰 차이가 있다.

국내에 한국 지사를 둔 다국적 제약사의 별도 기금 출자를 기대하기에는 우리나라 제약 시장의 규모가 너무나 작다. 출자로 얻는 이득이 적은 데다 주변 국가들로부터 유사한 압박까지 받을 수 있다.

이처럼 별도 기금을 이용하는 방안도 여러 문제를 안고 있다. 하지만 논의를 멈춰서는 안 된다. 현재로선 가장 유력한 신약 접근성 확대 방안이다. 재원 마련, 지원 대상 질환이나 적응증 선정, 지원 대상 의약품 선정, 여타 지원 범위와 혜택 등을 구체화하는 절차부터 차근차근 해나가야 한다.

우리나라 제약 산업의 미래

세계 경제에서 제약 산업은 4차 산업의 한 축으로 급성장하고 있다. 의약품 혁신의 기준은 계속 높아지고 있으며, 신약 연구개발 속도 또한 전과 비교할 수 없을 만큼 빠르다. 이러한 신약은 과거에 불치병으로 여겨지던 질병에 대항하는 강력한 무기가 된다. 문제는 이 무기를, 필요한 모두가 갖지 못할 수 있다는 점이다. 우리가 만든 무기를 우리가 나눠 가지면 좋겠지만 현실은 그렇지 않다. 우리나라 제약 산업은 세계 제약 산업의 흐름을 따라가지 못하고 있다. 한참 뒤처져 한동안은 추격이 어렵다. 그렇다고 손 놓고 있을 수는 없다. 우리나라 제약 산업은 변해야 한다. 해묵은 문제들을 드러내 해결하고 불합리한 관행을 끊어내야 한다. 그런 관행을 이용해 이득을 챙기던 누군가는 더 이상 설 자리가 없을 수도 있지만, 지금 변하지 않으면 우리나라 제약 산업의 미래는 없다.

주(註)

1 약사법 제68조(과장 광고 등의 금지) 6항.

2 한겨레, 「종근당 회장, 운전기사 욕설·폭언… 1년 새 3명 퇴사」, 2017. 7. 13.

3 중앙약사심의위원회, 〈한타박스주(신증후출혈열백신) 임상시험 결과의 타당성에 대한 자문〉 심의 결과, 2018. 3. 21.

4 식품의약품안전처, 의약품 허가 목록, 2024. 9.

5 대법원 선고 2017다245798 판결, 2017. 1. 17.

6 김동숙, 「복제약 의약품 약가 제도 개선 방안」, 보건복지부, 2024.

7 식품의약품안전처, 2023년 식품의약품 통계 연보, 2023. 12.

8 화이자 사업 보고서. 2021.

9 유럽의약청, 발사르탄 회수 발표, 2018. 7. 5. https://www.ema.europa.eu/en/news/ema-reviewing-medicines-containing-valsartan-zhejiang-huahai-following-detection-impurity-some-valsartan-medicines-being-recalled-across-eu

10 보건복지부 보도 자료, 「2019년 하반기부터 복제약 의약품 차등 보상 제도 실시」, 2019. 3. 27.

11 로이터통신, 「Bristol-Myers results fall short, as Plavix sales evaporate」, 2012. 10. 24.

12 한미약품 보도 자료, 「한미 '로수젯', 수입 약 아성 깼다… 한국 전문약 원외 처방 매출 '1위'」, 2024. 2. 24.

13 각 사 사업 보고서.

14 특허법원 선고 2017허7128 판결, 2019. 8. 23.

15 특허법원 선고 2019허4727 판결, 2019. 12. 20.
16 보건복지부, 약제의 결정 및 조정 기준 일부 개정안 행정예고, 2019. 7. 17.
17 보건복지부, 약제의 결정 및 조정 기준 일부 개정 고시안 재행정 예고, 2020. 1. 28.
18 행정심판 2016-13469호, 2016. 12. 13.
19 서울행정법원 선고 2017구합59321 판결, 2017. 9. 14.
20 서울고등법원 선고 2017누75455 판결, 2018. 4. 5.
21 대법원 선고 2017후2215 판결, 2018. 7. 24.
22 한국신약개발연구조합 국내 개발 신약 허가 현황. https://www.kdra.or.kr/website/03web02.php
23 베링거인겔하임 본사 보도 자료, 「Boehringer Ingelheim enters into an exclusive license agreement with Hanmi Pharmaceutical to develop 3rd generation EGFR targeted therapy in lung cancer」, 2015. 7. 28.
24 한미약품 보도 자료, 「한국 최초 글로벌 혁신신약 '올리타' 국내 허가」, 2016. 5. 16.
25 한미약품 전자 공시, 기술 도입·이전·제휴 계약 체결, 2015. 7. 28.
26 한미약품 전자 공시, 투자 판단 관련 주요 경영 사항, 2018. 4. 13.
27 코오롱생명과학 전자 공시, 투자 판단 관련 주요 경영 사항, 2016. 11. 1.
28 미쓰비시다나베 보도 자료, 「Liecense Agreement with Kolon Life Science on Invossa」, 2017. 12. 20.
29 식품의약품안전처 인보사케이주 안전성 서한, 2019. 3. 31.
30 삼성제약 전자 공시, [정정]기타 경영 사항(자율 공시), 2020. 8. 19.
31 유한양행 전자 공시, 투자 판단 관련 주요 경영 사항, 2018. 11. 5.
32 *NEJM*, 「Overall Survival with Osimertinib in Untreated, EGFR-Mutated Advanced NSCLC」, 2019. 12. 21.
33 *Lancet*, 「Efficacy and safety of a fixed-dose oral combination of pyronaridine-artesunate compared with artemether-lumefantrine in children and adults with uncomplicated Plasmodium falciparum malaria: a randomised non-inferiority trial」, 2010. 4. 24.
34 신풍제약 보도 자료, 「신풍제약(주) 코로나19 치료제 피라맥스 국내 2상 임상시험 결과 발표」, 2021. 7. 5.
35 신풍제약 전자 공시, 투자 판단 관련 주요 경영 사항, 2023. 10. 18.
36 *Liver Cancer*, 「PHOCUS: A Phase 3, Randomized, Open-Label Study of Sequential Treatment with Pexa-Vec (JX-594) and Sorafenib in Patients with Advanced Hepatocellular Carcinoma」, 2023. 9. 30.

37 신라젠 전자 공시, 주권 매매 거래 정지, 2020. 5. 4.
38 서울중앙지방법원 선고 2017가합574026 판결, 2023. 2. 10.
39 ITC, 「Notice of commission final determination finding a violation of section 337」, 2020. 12. 16.
40 대법원 선고 2020두45346 판결, 2020. 11. 17.
41 보건복지부 고시 보험약제과 제2018-177호, 2018. 8. 27.
42 질병관리청 자료, 더불어민주당 최혜영 의원, 2021.
43 *NEJM*, 「Efficacy of an Adjuvanted Herpes Zoster Subunit Vaccine in Older Adults」, 2015. 5. 28.
44 *NEJM*, 「Efficacy of the Herpes Zoster Subunit Vaccine in Adults 70 Years of Age or Older」, 2016. 9. 15.
45 GSK 본사 사업 보고서, 2018.
46 *Vaccine*, 「Immunogenicity and safety of a new live attenuated herpes zoster vaccine (NBP608) compared to Zostavax® in healthy adults aged 50 years and older」, 2019. 6. 12.
47 이의경, 「우리나라와 OECD 국가의 약가 수준 비교」, KRPIA, 2014.
48 *Lancet*, 「Pembrolizumab versus docetaxel for previously treated, PD-L1-positive, advanced non-small-cell lung cancer (KEYNOTE-010): a randomised controlled trial」, 2016. 4. 9.
49 *NEJM*, 「Pembrolizumab versus Chemotherapy for PD-L1-Positive Non-Small-Cell Lung Cancer」, 2016. 11. 10.
50 MSD 본사 사업 보고서, 2019.
51 한국MSD 홈페이지 참조. https://www.msd-korea.com/4-2-history-msd%EC%9D%98-%EC%97%AD%EC%82%AC/
52 *NEJM*, 「Atezolizumab for First-Line Treatment of PD-L1-Selected Patients with NSCLC」, 2020. 9. 30.
53 *NEJM*, 「Atezolizumab for First-Line Treatment of Metastatic Nonsquamous NSCLC」, 2018. 6. 4.
54 바이오젠 본사 사업 보고서, 2020.
55 건강보험심사평가원, 「2023년 급여 의약품 청구 현황」, 2024.
56 한국화이자제약 감사 보고서, 2020.
57 보건복지부 리베이트 자료, 더불어민주당 소병훈 의원, 2024.
58 HIRA 빅데이터 개방 포털. https://opendata.hira.or.kr

59 EBS, 「감기」, 2008. https://www.youtube.com/watch?v=HjKw-N0GWiE
60 식품의약품안전처 의약품 정보 자료. https://nedrug.mfds.go.kr/searchDrug
61 건강보험심사평가원, 「2023년 급여 의약품 청구 현황」, 2024.
62 김동숙, 「복제약 의약품 약가 제도 개선 방안」, 보건복지부, 2024.
63 박실비아, 「약제 급여 적정성 재평가 합리화 방안 연구」, 건강보험심사평가원, 2023.
64 건강보험심사평가원 자료, 더불어민주당 남인순 의원, 2024.
65 윤상헌, 「의약품 및 의료 기기 생애 주기별 국내외 급여 관리 제도 비교」, 건강보험심사평가원, 2022.
66 의약품 시장 조사 기업 유비스트(Ubist) 자료 기준 2023년 리피토, 리피토엠, 리피토플러스 총 2229억 원.
67 김동숙, 「복제약 의약품 약가 제도 개선 방안」, 보건복지부, 2024.
68 식품의약품안전처, 「2023 식품의약품 통계 연보」, 2024.
69 KEYNOTE-024/KEYNOTE-010/FLAURA1/FLAURA2 참고.
70 건강보험심사평가원 자료에 따르면 건강보험심사평가원 자료, 더불어민주당 김영주 의원, 2023.
71 *Lancet oncology*, 〈Ramucirumab plus paclitaxel versus placebo plus paclitaxel in patients with previously treated advanced gastric or gastro-oesophageal junction adenocarcinoma (RAINBOW): a double-blind, randomised phase 3 trial〉, 2014.10.
72 국민의힘 이종성 의원 대표 발의, 「국민건강보험법 개정을 통한 중증 질환 회계 설치 및 운용」.
73 더불어민주당 강선우 의원 대표 발의, 「암 관리법 신설로 국가 예산에서 비용 지원」.